Jörg Zink

Mut zum Leben

Jörg Zink

Mut zum Leben

Biblische Einladungen

KREUZ

MIX
Papier aus verantwortungsvollen Quellen
FSC® C106847
FSC
www.fsc.org

www.kreuz-verlag.de

Umschlaggestaltung: agentur Idee
Umschlagmotiv: © Corbis

Satz: de·te·pe, Aalen
Herstellung: fgb · freiburger graphische betriebe
www.fgb.de

Printed in Germany

ISBN 978-3-451-61127-8

Inhalt

Zum Geleit

Die Bibel fühlt sich für den Fremden an wie eine Botschaft aus großer Ferne. Wer mit ihr vertraut ist, erwartet von jeder ihrer Erzählungen eine dringende Einladung, es mit ihrem Wort aufzunehmen und nachzudenken. Die Evangelischen Kirchentage wählen seit 60 Jahren für jede Tageseröffnung einen der Texte aus der Bibel und lassen ihn breit auslegen. So habe ich in den vergangenen 50 Jahren auf jedem Kirchentag drei solcher Morgenfeiern angeboten und bringe einige davon hier in Erinnerung.

Was heute Auftrag der Kirche ist und was die Kirche von sich selbst zu halten hat, kommt darin zum Ausdruck. Woher jeder von uns täglich den Mut nimmt, das Seine zu tun, kann darin gesagt und gehört werden. Möge uns deutlich werden, was dieses »Seine« ist und wie es wahrgenommen werden kann.

Jörg Zink

1
Die Geschichte von der Schöpfung
Frankfurt 1987

Die Bibel setzt ein mit einem alten Lied, das von der Schöpfung erzählt:

> Am Anfang schuf Gott Himmel und Erde.
> Und die Erde war wüst und leer.
> Finsternis lag über der Urflut,
> und Gottes Geist schwebte über den Wassern.
>
> Und Gott sprach: Es werde Licht! Und es ward Licht.
> Und Gott sah, dass das Licht gut war.
> Da schied Gott das Licht von der Finsternis
> und nannte das Licht Tag und die Finsternis Nacht.
> Da ward aus Abend und Morgen der erste Tag.
>
> Und Gott sprach:
> Es werde ein festes Gewölbe zwischen den Wassern,
> das zwischen den Wassern scheidet.
> Und Gott machte ein Gewölbe
> und schied die Wasser unter dem Gewölbe
> von dem Wasser über dem Gewölbe.
> Und Gott nannte das Gewölbe Himmel.
> Da ward aus Abend und Morgen der zweite Tag.
>
> Und Gott sprach:
> Es sammle sich das Wasser unter dem Himmel
> in besondere Tiefen, sodass trockenes Land hervortritt.
> Und es geschah so.
> Und Gott nannte das Trockene Erde.
> Das gesammelte Wasser nannte er Meer.
> Und Gott sah, dass es gut war.
>
> Und Gott sprach:
> Es lasse die Erde aufgehen Gras und Kraut,

das Samen bringt, und fruchtbare Bäume,
die ein jeder nach seiner Art Früchte tragen.
Und es geschah so.
Und Gott sah, dass es gut war.
Da ward aus Abend und Morgen der dritte Tag.

Und Gott sprach:
Es sollen Lichter am Gewölbe des Himmels aufleuchten.
Die sollen scheiden zwischen Tag und Nacht
und Zeichen geben und Zeiten ordnen, Tage und Jahre.
Sie seien Leuchten am Gewölbe des Himmels
und scheinen über der Erde.
Und es geschah so.
Und Gott machte zwei große Lichter,
ein großes Licht für den Tag
und ein kleines Licht für die Nacht, dazu die Sterne.
Und Gott setzte sie an das Gewölbe des Himmels,
damit sie leuchteten auf der Erde bei Tag und Nacht
und Licht und Finsternis getrennt seien.
Da ward aus Abend und Morgen der vierte Tag.

Und Gott sprach:
Das Wasser soll wimmeln von lebendigen Wesen,
und Vögel sollen fliegen unter dem Gewölbe des Himmels.
Und Gott schuf große Walfische
und alles Getier, das da lebt,
von dem das Wasser wimmelt,
ein jedes nach seiner Art,
und alle gefiederten Vögel,
einen jeden nach seiner Art.
Und Gott sah, dass es gut war.
Und Gott segnete sie und sprach:
Seid fruchtbar, mehrt euch
und füllt das Wasser im Meer,
und die Vögel sollen sich auf der Erde mehren.
Da ward aus Abend und Morgen der fünfte Tag.

Und Gott sprach:
Die Erde bringe lebendige Wesen hervor,
ein jedes nach seiner Art: Vieh, Gewürm und wilde Tiere,
ein jedes nach seiner Art.

Und es geschah so.
Und Gott sah, dass es gut war.

Und Gott sprach:
Ich will Menschen schaffen,
die mir ähnlich sind,
die über den Fischen im Meer stehen sollen
und über den Vögeln des Himmels,
über dem Vieh und allen Wildtieren
und über allem Gewürm, das auf der Erde kriecht.
Und Gott schuf Menschen als sein Gegenüber,
ihm ähnlich, und schuf sie als Mann und Frau.

Und Gott segnete sie und sprach zu ihnen:
Seid fruchtbar, mehrt euch,
füllt die Erde und sorgt für sie.
Ich setze euch über die Fische im Meer
und über die Vögel unter dem Himmel,
über das Vieh und alle lebendigen Wesen,
die auf der Erde kriechen.

Und Gott sah alles an, was geschaffen war,
und wirklich: Es war sehr gut.
Da wurde aus Abend und Morgen der sechste Tag.

Und Gott vollendete Himmel und Erde mit all ihren Wesen.
Er vollendete am sechsten Tag die Schöpfung
und ruhte am siebten Tag von all seinem Schaffen.
Und Gott segnete den siebten Tag und heiligte ihn
als den Tag der Ruhe Gottes.

So entstand alles. Himmel und Erde.

❀

Diese Worte sind bekannt. Sie werden gelernt. Wer hat sie nicht schon gehört? Und doch: Stehen sie nicht zu unserem praktischen Glauben in einer seltsamen Spannung? Von Tieren ist die Rede, von Sternen, von Bäumen, von Luft und Wasser, von Erde und Meer. Aber was gehen unseren Glauben Sterne und Fische und Vögel an?

Mittelpunkt christlichen Denkens ist ja doch wohl der Mensch und der Mensch allein. Die Erschaffung des Menschen. Die Sünde des Menschen. Die Herrschaft des Menschen. Die Geschichte des Menschen. Das ist doch der Inhalt unseres Glaubens: Gott und der Mensch. Die Berufung des Menschen. Die Rechtfertigung des Menschen. Die Versöhnung des Menschen mit Gott. Auferstehung des Menschen. Seligkeit des Menschen. Dreht sich nicht gerade im christlichen Glauben alles immerfort um den Menschen, als sei er der Nabel der Welt?

Wenn Schildkröten aussterben, was geht es den christlichen Glauben an? Wenn die Erde vergiftet wird, wenn Seevögel im Öl ertrinken, was geht es den Glauben an? Und wenn die Schöpfungsgeschichte uns erzählt, woher wir kommen, rührt das nicht sofort die Frage auf: Wohin soll die Reise gehen? Ja, wohin? Das ist es doch, was uns den Schlaf nimmt. Wer sind wir schließlich im Zug einer Geschichte von Millionen Jahren, wir kleinen, armseligen, arroganten, intelligenten und so unbeschreiblich törichten Menschen?

Wer sind wir, wir Christen des Abendlandes, die – wenn sie überhaupt nachdenken – von ihren Gedanken verfolgt werden und dabei in immer tiefere Angst versinken? Wir Abendländer mit unserer ewig wiederkehrenden Frage nach dem Sinn dieses geängsteten Daseins? Rinnen uns die Erkenntnisse von Jahrtausenden nicht davon wie das Regenwasser im Rinnstein? Rinnt uns die Wahrheit nicht davon? In Buchstaben steht sie noch da. Lesbar. Aber es muss entziffert werden, was da steht:

»Im Anfang war das Wort. Und das Wort war bei Gott, und Gott war das Wort« (Johannes 1,1). »Im Anfang schuf Gott Himmel und Erde. Und die Erde war Wirrnis und Leere, und der Geist Gottes war über dem Urmeer« (1 Mose 1,1f.).

Fremde Sprache. Bilder einer Urzeit.

Und Gott sprach: Es werde Licht. Ein Wort ergeht. Wort – das ist hörbarer Geist, wirksam werdend, Leben schaffend.

Gott sprach, und wir – wenn es gut ist – wir hören. Hören als Erde, als Leib, als Seele, als Geist. Und werden selbst wieder Wort, in der Antwort, die wir geben. Werden selbst wieder schöpferische Kraft. Ursprung von Wirklichkeit. Ursprung dessen, was nach uns sein wird – und so: Bild Gottes.

Gott sprach – und führte seine Welt in das ungeheure Abenteuer der Entwicklungsgeschichte, und sein Geist, seine sprechende Gegenwart war das Geheimnis eines Werdens von Milliarden Jahren. Irgendwann hob eines seiner Geschöpfe den Kopf, fing an zu hören und zu antworten, zu denken, zu planen und zu gestalten. Und der Geist Gottes gab ihm den aufrechten Gang, gab seiner Seele die Sprache und seinem Geist die Freiheit.

❀

Im Anfang schuf Gott Himmel und Erde. Vor 2500 Jahren wurden diese Worte niedergeschrieben. Was war damals? Wie kamen Menschen zu diesen Gedanken? Denn auch die Einsichten eines Glaubens haben ihren Hintergrund. Nichts lässt sich aus der geschichtlichen Stunde lösen, aus der es hervorgeht.

Es war im 6. Jahrhundert vor Christus. Tausend Jahre nach Abraham. 400 Jahre nach David. Um das Jahr 1000 hatte das kleine Volk der Israeliten in Palästina, Kanaan, wie es damals hieß, sein erstes Reich errichtet. Aber es hatte einen schweren Stand. Im Westen stand die Großmacht Ägypten. Im Norden die Großmacht Syrien, im Osten Assur und Babylon. Und Stück um Stück nahmen sich die Großmächte vom Land Israel, bedrängten es, zerhackten es, zerstörten es. Um 600 bestand noch ein kleiner Rest, ein Ländchen rund um Jerusalem. Die Babylonier standen vor der Stadt. Belagerten sie. Eroberten sie schließlich. Dreißig Tage lang ging der Tod in der Stadt um. Raub. Zerstörung. Vergewaltigung. Folterung. Quälerei. Tempel und Palast gingen in Flammen auf, die Mauern wurden ins Tal gerissen. In den Gassen häuften sich die Leichen. Schakale strichen durch die leere Stadt. Die Klagelieder des Jeremia singen davon.

Zug um Zug fielen in dieser letzten Stunde des Königreichs Davids die Zeichen des Bundes zwischen Gott und seinem Volk dahin. Das Land war verloren, die heilige Stadt zerbrochen, der König gefangen, die Propheten stumm, der Tempel in Asche, die Opferfeuer erloschen, die Bundeslade und das Gesetz verbrannt. Es war die Stunde Null. Und niemand konnte wissen, ob dieses Volk einmal wieder die Jahre einer neuen Blüte zählen würde.

Auf dem freien Feld vor Jerusalem trieben die Babylonier die übrig gebliebenen Bewohner zusammen. Und dann begann der lange Marsch. In einem langen Elendszug wurden sie weggetrieben aus ihrem Land, durch Syrien hinüber nach Mesopotamien, in den heutigen Irak. Gefangen. Zwangsarbeiter. Ohne Hoffnung auf Rückkehr. Einer der Gefangenen muss auf dieser Reise die Verse des Psalms 42 gedichtet haben, die anfangen:

»Wie ein Hirsch schreit nach frischem Wasser,
so schreit meine Seele, Gott, nach dir.
Meine Seele dürstet nach Gott, nach dem lebendigen Gott.
Wann werde ich wiederkehren und schauen
das Angesicht des Herrn?
Verzweifelt bin ich und weine Tag und Nacht,
während die Menschen mich täglich höhnen:
Wo ist nun dein Gott?«

Die sogenannte babylonische Gefangenschaft begann. Es war die Zeit des tiefsten Elends in der frühen Geschichte Israels. Aber diese Zeit war nicht einfach nur eine politische und geistige Stunde Null für Israel. Es war jene Schwellenzeit, von der man im kulturgeschichtlichen Sinn gerne und mit Recht spricht, in der es wie ein großes Erwachen und Entdecken rund um die Welt ging. In China wirkten Kungfutse und wahrscheinlich auch schon Laotse, in Indien Gotama Buddha, im persischen Hochland Zarathustra. In den

Handelsstädten am Ägäischen Meer erwachte mit den Namen Thales und Heraklit die europäische Philosophie. Aus vielen tausend Jahren des Träumens und des Suchens zog der Mensch an vielen Stellen der Welt gleichzeitig die Summe und fragte bewusst nach einer Wahrheit, die vor seinem erwachten Verstand und seinem Ichbewusstsein standhalten würde.

In diesem so wichtigen sechsten Jahrhundert vor Christus ereignete sich auch der entscheidende Durchbruch im Denken Israels. Im Grunde waren die sechs Jahrhunderte zwischen Mose und der Zerstörung Jerusalems eine Zeit der Vorbereitung gewesen. Im Grunde war Gott für Israel bis zu diesem Zeitpunkt noch immer Lokalgott, Stammesgott, Gott neben anderen Göttern gewesen. Der Durchbruch zur Erkenntnis des einen universalen Gottes geschah im sechsten Jahrhundert. Es war einer der großen Grenzübergänge der Weltgeschichte.

Es geschah nicht während der Blüte der Königreiche Israel und Juda, sondern nach dem Inferno des Untergangs. Dem aber, was die Judäer nach diesem Untergang erkannten, verdanken wir Dokumente, die zu den großartigsten der Geistesgeschichte gehören, Dokumente, die von ihrer Bedeutung und dem Gewicht ihrer Gedanken in zweitausendfünfhundert Jahren nichts verloren haben.

Babylon war für die Völker der alten Welt der Inbegriff der Gewalttat, der Alptraum, unter dem sie sich ängsteten. Denen unter den Verbannten, die sich nicht anpassten, blieb nur der Hass. Ihnen blieb jene Angst, die in einer Welt zu entstehen pflegt, die merkwürdigerweise zu groß und zu eng zugleich erscheint, die Angst vor der Gefangenschaft in der Randlosigkeit. Sie hatten den Rahmen verloren, in dem ihr Dasein Sinn gehabt hatte, und sollten nun eine von Menschen gewaltsam eingegrenzte Umwelt annehmen. Die Welt verengte sich zur Umwelt. Die Umwelt hatte das Gesicht babylonischer Soldaten. Der Gedanke, es sei irgendwo ein größerer Raum, ein tieferer oder höherer Sinn, ein Plan, der in die Zukunft führte, war Utopie. Er verbot sich von selbst. Aber die enge Umwelt, die so sinnlos schien, gab sich in aller Härte barmherzig: Immerhin gewährte sie Acker und Haus. Und viele der Verängstigten nahmen das Angebot an. Wer will es ihnen verargen?

Da gab es gewiss auch einen linken und einen rechten Flügel: Da waren rechts die frommen Hüter der Tradition. Israel – das war für sie identisch mit der alten, überlieferten Geschichte von Abraham, Isaak und Jakob, von Mose und Aaron, von Josua und Samuel, Saul und David. Israel, das waren der Tempel und die Bundeslade, die Zehn Gebote und das Bekenntnis zu Jahwe, dem Gott Israels. Da waren links die ihrer Zeit und Situation gegenüber Aufgeschlossenen, die sagten: Das haben wir doch alles bis zum bitteren Ende durchlitten! Das haben wir doch hinter uns, zu meinen, wir seien das auserwählte Volk, unser sei der mächtigste Gott des Himmels und der Erde, zu meinen, im Tempel von Jerusalem sei der Bundesgenosse Israels gegenwärtig und darum könne uns nichts geschehen! Wir leben doch, zum Glück, nicht mehr in der Provinz. Babylon ist größer, ist reicher. Es hat die stärkeren Götter, das heißt das überlegenere Staatsbewusstsein. Und vor allem: Es hat die Zukunft.

Hätten nun die Leute aus Judäa nur diesen Gegensatz von Tradition und Modernismus hervorgebracht, Israel wäre nach wenigen Jahrzehnten aus der Geschichte verschwunden. Die einen wären zur bedeutungslosen Sekte erstarrt, die anderen im Völker- und Kulturgemisch Babylons und später der Perser aufgegangen. Aber da muss eine dritte Gruppe aufgetreten sein. Wir kennen die Namen ihrer Begründer nicht, aber diese Leute retteten nicht nur der Menschheit den geistigen Ertrag der israelitischen Überlieferung, sondern eröffneten auch dem Judentum, seiner religiösen Kraft und seinen Gedanken, eine Geschichte von weiteren zweitausendfünfhundert Jahren und brachten zugleich auf dem Weg über das später entstehende Christentum die moderne Welt, wie wir sie heute kennen, mit hervor.

Sie erinnerten sich der alten Geschichten von der Erschaffung der Welt, von Noah und der Flut, vom Turmbau zu Babel, von Abraham und Jakob, von Mose vor allem und schrieben sie neu auf. Neu durchdacht. Neu gedeutet. Was wir in den Geschichten der fünf Bücher Mose heute lesen, ist zu einem guten Teil dort entstanden, an den trägen Kanälen der Wüste um die alten Städte der Sumerer herum. So auch die Schöpfungsgeschichte.

Da erzählte also eines Tages einer, was von Gott und der Welt und den Menschen zu halten sei: Im Anfang schuf Gott Himmel und Erde. Die Weltliteratur kennt nicht viele Texte, die so gegensätzliche Empfindungen auslösen. Der eine verspottet die alte Geschichte aus der Überlegenheit dessen, der so primitiven Zeiten entwachsen ist, der andere bewundert in ihr etwas vom Vollkommensten, das Menschen je in Worte gefasst haben.

In sechs Tagen entstand die Welt, behauptet die Schöpfungsgeschichte, grandios einfach, mit wie in Stein gehauenen Worten. Gott sprach, und es geschah. Gott sah es an, und es war gut. Am siebten Tag aber ruhte Gott von seinem Werke. Was mag das bedeuten?, fragen wir. Was für eine Erfahrung mag hinter den kindlich einfachen Bildern verborgen sein? Was müssen wir tun, wohin müssen wir blicken, damit – falls in der alten Geschichte ein Geheimnis ist – wir dieses Geheimnis wahrnehmen?

Es könnte doch sein, dass wir hier wider Erwarten etwas Gültiges über unsere Welt fänden? Und wenn wir vom Geheimnis dieser Welt etwas verstünden, wüssten wir dann nicht auch mehr über unsere eigene Seele, in der sich diese Welt spiegelt? Und wenn wir wieder wüssten, wie unsere Seele in dieser Welt lebt und die Welt in unserer Seele, könnten wir dann nicht auch wieder mehr wissen oder ahnen von Gott? Diese Dreiheit, die Welt, die Seele und Gott, ist das uralte und immer gegenwärtige Thema, mit dem wir Menschen uns beschäftigen müssen. Es ist heute jedoch aktueller, als viele meinen, gerade weil Welt, Seele und Gott in unserem Empfinden so sehr allen Zusammenhang miteinander verloren haben.

Es gab in Europa eine Zeit, in der das beherrschende Gefühl, das die Menschen angesichts ihrer Welt erfüllte, das des Triumphs war. Sie fühlten sich als Herren der Schöpfung, als Herren über die Geheimnisse der Natur. Heute greift gerade angesichts der Welt und der menschlichen Herrschaft die Angst um sich. Wie, wenn diese Erde im unendlichen Weltall, in der Randlosigkeit des nachtschwarzen Universums, die einzige Stelle wäre, an der Herzen schlagen, lebendige Wesen eine Weile das Licht sehen, zwischen Geburt und Tod, zwischen Lebenslust und Lebensangst, bis auch sie alle miteinander zugrunde gehen? Wie, wenn der wunderbare Garten eines Tages zerstört wäre, verbraucht, ausgeplündert, vergiftet, verwüstet? Wie, wenn die zauberhafte Heimat, in der wir leben, uns verstoßen sollte, in eine technische Ersatzwelt entlassen, die nichts mehr hat von Wärme und Geborgenheit, von mütterlicher Güte und traumweicher Schönheit? Die Angst beherrscht diese Zeit in vielerlei Gestalt, aber diese, die Angst vor dem Verlust der heimatlichen Erde, durchzieht alles andere. So sehr fremd ist uns die Verbannung der Leute in die Ziegeleien bei Babylon durchaus nicht. Sie könnte in anderer Form uns selbst widerfahren.

Es ist kaum zu glauben: Da endet ein Volk – wie Marxisten sagen würden – auf dem Misthaufen der Geschichte und weiß das. Und dann steht einer auf und sagt: Dies ist kein Ende. Dies ist kein Misthaufen der Geschichte. Dies ist eine gute Zeit zum Nachdenken, Sich-Erinnern, Sich-Ändern, zum Einüben von Vertrauen und Gelassenheit, zur Korrektur von Fehlern und eine große Chance zu einem neuen Anfang. Immerhin ließ das Schicksal den Verbannten diese Wahl zwischen Resignation und freiem Nachdenken. Die Geschichte zeigt immer wieder die zwei grundlegenden Formen der Bestrafung: die Ausstoßung und die Einsperrung. Gott verstieß die Judäer nach Babylon. Hitler verschloss die Juden in Konzentrationslagern. Der Ausgestoßene hat unter

Umständen die Chance, in Freiheit einen neuen Anfang zu machen. Er ist durch seine Situation herausgefordert, sich selbst und seinen Weg zu erkennen. Der Eingesperrte wird unmündig, wenn er nicht am Ende gar in der Gefangenschaft ausgelöscht wird. Die Verbannung nach Babylon enthielt neben allen Leiden auch ein Angebot an die Leute aus Jerusalem, und dieses Volk hat sie genutzt, wie kaum je ein Volk eine Katastrophe zu seinem Heil genutzt hat.

Das Exil hat sich als die große Stunde in der Geschichte Israels erwiesen. Aus ihm ging das Judentum recht eigentlich hervor, lebensfähig für Jahrtausende in seiner unerklärlichen geistigen und religiösen Kraft.

❀

Ich stelle mir einen Tag vor, die Sonne war gerade aufgegangen, doch der Weg, der zu den Ziegeleien führt, war leer – wie immer, wenn die Babylonier ein Fest feierten: einen Neumond oder eines der großen Staatsfeste zu Ehren der Göttermutter oder des Nationalgottes Marduk. Die Judäer blieben in ihren Hütten. Die Babylonier strömten in der großen Stadt zusammen, um die Tempel her, wo die Opfer stattfanden, und zu beiden Seiten der Prachtstraßen, durch die die Wagen mit den Bildern der großen Götter fuhren, Bilder der Macht und Herrlichkeit dieses größten Reiches der damaligen Erde. Was taten die Gefangenen?

Ich könnte mir denken, dass in abgeschwächter Form ein Jude heute noch Ähnliches empfindet, der in einem christlichen Land wohnt und da die Weihnachtstage durchlebt. Was geht ihn das Fest an? Ich denke mir, dass sich im Laufe eines langen Tages, an dem einmal ausgeschlafen wurde, ein paar müde Menschen an einen der alten Erzähler wandten: Wie sollen wir uns eigentlich auf die Dauer zu diesen Festen und Feiern stellen? Ist es nicht besser mitzujubeln, als hier, in der leeren Steppe, trostlos untätig, der Sinnlosigkeit dieses Daseins nachzuhängen?

Und ich stelle mir vor, dass der Erzähler an einem solchen Tag an eine ihrer Überlieferungen erinnerte:

> »Sage den Söhnen Israels: Ihr sollt den Sabbat einhalten. Er ist ein Zeichen zwischen mir und euch von Generation zu Generation. An ihm erkennt ihr, dass ich der Herr bin und euch heilige. Darum soll euch der Sabbat heilig sein. Sechs Tage sollt ihr arbeiten.« (2 Mose 31,13.15)

Der Sabbat ist der Tag, an dem der Mensch dem heiligen Gott gegenübertritt, an dem er nicht seinem Werk zugewandt ist, sondern dem Gott, der ihn anspricht. An dem er nicht werkt, sondern Antwort gibt. An dem er nicht irgendwohin geht, sondern gleichsam in den Gott hinein, der ihn umgibt, um Anteil zu gewinnen an der Ruhe Gottes.

Ihr wisst, so höre ich ihn erzählen, das hat man durch viele Generationen vergessen. Vielleicht erinnert sich der eine oder andere von euch noch an die Reden der Propheten, die etwa so sagten: Ihr wohnt in dem verheißenen Land Kanaan. Gott hat geboten, dass das Land seine Ruhe findet am siebten Tag. Aber ihr habt ihm die Ruhe nicht gelassen, die Gott befohlen hat, die Brache, die ihm zustand. Einmal wird das Land seinen Sabbat ersetzt bekommen. Ich werde euch fortjagen, spricht Gott, unter die fremden Völker, und euer Land soll zur Steppe werden. Dann wird das Land ruhen. Wenn die Unrast der Schaffer nicht bald die Ruhe wieder achtet, wird Gott dem Land die Ruhe verschaffen, die es braucht. Euch selbst aber will ich ein verängstigtes Herz geben, dass euch ein raschelndes Blatt jagen wird, auch wenn niemand euch bedroht (so z.B. 3 Mose 26 und öfter). Aber diese Ruhe des Landes ist ein neuer Anfang. Und in eurer Ruhe im fremden Land liegt eine Gnade. Das Elend, das in die Ruhe Gottes einkehrt, ist heilig. Wo euch alles zu Ende zu sein scheint, ist ein Beginn.

Diese Ruhe gibt uns die Zeit, zurückzukehren in den Gott, der nicht nur uns und die Menschen von Babylon, sondern diese Welt geschaffen hat und schafft. Diese Ruhe gibt uns die Zeit, zu verstehen, wer Gott ist, was seine Welt ist und wer wir selbst sind. Diese Ruhe gibt uns den freien Raum vor Gott, und Gott nimmt unsere Angst von uns. In dieser Ruhe hören wir ihn sprechen und können ihm antworten. In dieser Ruhe offenbart sich uns, was der Sinn dieses unseres Schicksals ist, und wir können anfangen, größer zu denken von Gott.

Ihr wisst, dass unsere Väter eine Geschichte erzählt haben, wie Gott die Welt schuf. Ich will sie euch neu und anders erzählen. Die alte kennt ihr: Am Anfang ist eine trockene Steppe, staubig und hart wie die, in der wir hier leben. Da lässt Gott eine Quelle aufsteigen, die Feuchtigkeit durchdringt das Land, Büsche und Bäume wachsen auf. Gott pflanzt, so sagten die Väter, einen Garten in der Steppe, in Eden, und setzt Menschen hinein, die ihn bebauen und bewahren sollen. Die Schlange redet. Adam und Eva essen von der verbotenen Frucht und verstecken sich vor Gott. Gott geht in der Abendkühle spazieren und ruft nach Adam. Die Väter dachten vielleicht an einen Abend, wie wir ihn hier erleben, wenn die Sonne hinter den Dattelpalmen untergeht. Ihr kennt die Geschichte. Sie ist uns allen vertraut und ehrwürdig.

Ihr wisst auch, wie die Babylonier die Entstehung der Welt schildern. Sie denken moderner, als unsere Väter gedacht haben. Aber sie reden davon, dass wir allenthalben von Göttern umgeben seien, wo wir doch Berge und Meere, Sonne, Mond und Sterne vor uns haben. Das Meer sei ein Gott, sagen sie. Die Sonne sei ein Gott. Sie bringen den Sternen Opfer dar, damit sie brennen. Und sie nehmen alle Macht dieser Götter für sich in Anspruch.

Aber ich sage euch: Der eine Gott, der Gott unserer Väter, war vor Tiamat, vor Marduk auch, und beide, die Finsternis und das Licht, gehen aus seinen Händen hervor. Und es bedarf nur eines Wortes von ihm, um uns alle, unser Volk, unseren Glauben, unsere Zuversicht neu zu schaffen. Im Anfang schuf Gott den Himmel und die Erde. Nichts war vor ihm, auch nicht das Chaos. Im Anfang war die Welt, die er schuf, wüst und leer, über der unendlichen Wassertiefe war Finsternis, und der Geist schwebte über dem Wasser. Unten war nicht der Drache, sondern Wasser, und oben der Geist Gottes, nicht Marduk, der Himmelsheld.

Da sprach Gott: Es werde Licht. Es werde Klarheit. Es werde eine Welt, die keine Kluft kennt, keine finsteren Geheimnisse, keine Abgründe und keine in ihnen hausenden Mächte. Es werde alles klar bis auf den Grund. Und er sah: Das Licht war gut. Gott will, dass über uns, die in der Finsternis sitzen, umschlossen von Mächten und umstellt von Rätseln, das Licht aufgeht. Ja, mehr: dass wir selbst ein Licht werden, das in dieser Welt leuchtet und das seine Klarheit spiegelt.

Das war der erste Tag. Und dieser Tag ist heute. Wenn Gott will, dass es für uns Tag wird, wird es Tag. Wenn wir selbst Finsternis sind, zerschlägt uns Gott nicht, sondern sendet sein Licht, tröstet uns, hört unsere Klagen, gibt uns Freiheit, zeigt uns einen Weg, den wir bei Tag und bei Nacht gehen können.

Und Gott sprach: Ein Gewölbe soll entstehen zwischen den Wassern und sie trennen. Und er zog ein Gewölbe ein über der Erde, schied das Wasser unter dem Gewölbe von dem Wasser über dem Gewölbe und nannte das Gewölbe Himmel. So ging der zweite Tag zu Ende.

Es gibt Völker, die meinen, das Gewölbe des Himmels sei eine große Frau, eine Göttin, eine Mutter, die sich über die Erde beugt. Aber es ist eine schlichte Kristallschale. Über ihr ist nicht der Palast der Götter, sondern eine Art großer Ozean, den wir durch die Kristallschale hindurch sehen. Darum ist der Himmel blau. Wasser ist oben. Wasser ist unten, dazwischen ist die Luft mit den Wolken. Wenn ihr kritischer über die Welt nachdenken wollt als die Babylonier, dann könnt ihr sagen: Das Wasser ist kein Gott, sondern schlichtes Wasser. Aber das ist nur die halbe Wahrheit, denn das Wasser ist nicht nur Werk, sondern auch Ort Gottes, Ort seiner Gegenwart. Es ist Gott selbst in seinem Werk. Wer das Wasser sieht, steht vor dem geheimnisreichen Gott.

Ihr erinnert euch an die Geschichte, die ich erzählt habe. Da sprach Gott durch den Mund des Mose, und die Wasser trennten sich. Die Väter gingen auf dem Grund des Meeres bei Baal Zephon durch das Wasser. Wenn Gott will, trennt er auch die Wasser des Euphrat, der uns den Weg in die Heimat versperrt, und wir gehen unseren Weg ungehindert, wohin immer Gott uns führen will. Das ist der zweite Tag der Schöpfung.

Und Gott sprach: Es sammle sich das Wasser unter dem Himmel an besondere Orte, sodass man trockenes Land sieht. Und es geschah so. Gott nannte das Trockene Erde, die große Wasserfläche nannte er Meer, und er sah, dass es gut war. Er nannte das Wasser nicht den Großen Richter und die Erde nicht die Große Mutter. Er gab ihnen ganz einfach den Namen Meer und Land. Aber wenn ihr sagt: Sie sind nur Meer und Land, dann habt ihr nur die halbe Wahrheit. Denn Meer und Land sind nicht nur Geschöpfe dieses Gottes, sondern auch sein Ort. Wer durchs Meer geht, wer über das Land wandert, ist in Gott.

Ihr erinnert euch, wie eure Väter durchs Meer zogen und das Meer einen Weg freigab. Das ist ein Geheimnis. Gewiss, das Meer ist schlichtes Wasser. Aber es ist mehr, denn Gott ist im Meer, er ist über dem Meer, und das Meer ist sein Kleid oder sein Werkzeug.

Dann sprach Gott: Die Erde lasse Gras und Kraut aufgehen, das soll seinen Samen bei sich tragen. Wir brauchen also nicht die Götter zu versöhnen, damit etwas wächst, und nicht die Große Mutter zu verehren. Fruchtbare Bäume sollen wachsen, und jeder Baum soll in seinen Früchten die Samen tragen, aus denen neue Bäume werden. Ihr könnt weiter gehen als die Babylonier und könnt ihnen zeigen, wie sehr sie der Aufklärung, der vernünftigen Deutung der Dinge bedürfen, und sagen: Bäume sind nicht Götter, sondern schlichtes Holz. Aber das wäre nur die halbe Wahrheit. Denn in diesen Bäumen wirkt der schaffende Gott.

Denn in allem Werden und Wachsen spricht Gott, und wenn Gott nicht spricht, dann wird nichts. Und wenn wir heute fürchten, wir seien ein abgeschlagener Baum oder verdorrtes Gras, dann liegt es in der geheimnisvollen Freiheit Gottes, sein Wort zu sprechen, wann er will, und der Baum schlägt wieder aus, das Gras wächst nach, und unsere Leiden bringen ihre Frucht. Gott sah, dass es gut und die Erde fruchtbar war. Und so wurde der dritte Tag.

Und Gott sprach: Lichter sollen am Gewölbe des Himmels aufleuchten, die sollen zwischen Tag und Nacht scheiden und Zeichen geben für Tage und Jahre. Sie sollen als Lampen am Himmel hängen und die Erde erhellen. Er machte zwei Lichter: ein großes für den Tag, ein kleines für die Nacht, dazu die Sterne. Vielleicht schaudert euch bei dem Gedanken. Aber der große Mondgott Sin der Babylonier ist eine Lampe, die leuchten soll. Der große Sonnengott Schamasch ist eine Lampe. Die Babylonier werden euch totschlagen, wenn ihr das sagt. Aber es gilt. Wenn ihr nun jedoch sagt: Sonne, Mond und Sterne sind nichts als Lampen, dann seid ihr nur einen Schritt gegangen. Denn Sonne und Mond sind Geschöpfe in der Hand Gottes. Wer das Licht der Sonne schaut, schaut mit den Augen seines Geistes Gott, der das Licht gibt. Er steht vor einem Geheimnis, und wenn er für das Licht der Sonne dankt, dankt er dem Gott, in dem die Lichter des Himmels sind – oder der in den Lichtern ist. Gott sah: Es war gut, und so wurde der vierte Tag.

Ihr erinnert euch: Unsere Väter und Mütter haben euch von Mose erzählt, von dem Leuchten Gottes auf dem heiligen Berg und von dem Leuchten Gottes auf dem Gesicht des Mose. Nicht weil der Berg oder das Licht Gott ist, sondern weil im Berg das Geheimnis Gottes offenbar wurde, das Geheimnis des Gottes, der sein Licht spiegeln lässt in den Lichtern des Himmels, im Leuchten des Blitzes oder in dem Licht auf dem Angesicht eines Menschen. Und wodurch sollte der Mensch ein Mensch sein, wenn nicht dadurch, dass Gott zu einem Licht auf seinem Gesicht wird?

Wenn unsere Gesichter dunkel sind vor Angst und Verzweiflung, dann sollen wir sie zu dem Gott erheben, der das Licht schuf. Einer unserer Psalmdichter hat gesagt: Wer sich zu Gott wendet, dessen Gesicht wird hell sein von Freude.

Und Gott sprach: Es wimmle das Wasser von lebendigen Tieren, und Vögel sollen unter dem Gewölbe des Himmels fliegen. Er schuf große Walfische und alle Tiere, die im Wasser leben, und die gefiederten Vögel, ein jedes nach seiner Art. Und Gott segnete sie und sprach: Seid fruchtbar und mehret euch. Füllt das Meer, und die Vögel sollen sich auf der Erde mehren. So ging der fünfte Tag zu Ende. Und Gott sprach: Die Erde bringe lebendige Tiere hervor, Vieh, Kriechtiere, Feldtiere, jedes nach seiner Art. Und Gott sah: Es war gut.

Tiere, die wimmeln, die fliegen, die sich mehren und mit Fruchtbarkeit ausgestattet sind. Ein jedes nach seiner Art. Genau abgegrenzt nach ihren Arten. Er schuf also nicht jene schaurigen Mischwesen, die man hierzulande aufstellt und verehrt: Stiere mit Menschenköpfen, Schakale mit Löwenpranken und Schlangenhälsen. Nein, ein jedes nach seiner Art.

Ihr könnt den Babyloniern sagen: Tiere sind Tiere, sonst nichts. Sie sind nicht heilig, sie sind nicht Träger einer geheimnisvollen, göttlichen Macht. Sie wollen nicht angebetet sein. Sie sind liebenswert, weil Gott sie liebt, Wesen in Gottes Garten, der Obhut des Menschen anvertraut. Aber damit zeigt ihr ihnen nur den ersten Schritt, denn auch die Tiere sind nicht nur Tiere. Sie sind auch Träger des Lebens, das aus Gott ist. Und sie sind nur lebendig, weil der lebendige Gott in ihnen schafft und wirkt. Ihr erinnert euch: Eure Väter machten sich einen goldenen Stier anstelle Gottes, und Mose zerstörte ihn.

Der Irrtum eurer Väter lag nicht darin, dass sie gemeint hätten, Gott sei im Stier. Und die Meinung des Mose war nicht, der Stier sei eben ein Stier und nicht Gott. Vielmehr verdeckte der Glaube an den Stier das Geheimnis, dass Gott in der Tat im Stier ist wie in allen Wesen. Denn Gott wird kleiner, wenn der Stier Gott ist. Und er wird unendlich groß und geheimnisvoll, wenn wir verstehen, dass der Stier in Gott und Gott im Stier ist und dass wir Gott begegnen, wo immer wir ein lebendiges Wesen anschauen.

Das Geheimnis aber wird am dichtesten bei uns selbst. Gott sprach: Ich will Menschen machen, ein Bild, mir gleich. Die sollen herrschen über die Fische im Meer und über die Vögel unter dem Himmel und über das Vieh und alle Feldtiere und alles Gewürm. Und Gott schuf den Menschen ihm zum Bilde als Mann und Frau. Und Gott segnete sie und sprach: Seid fruchtbar, mehrt euch und füllt die Erde. Macht sie euch untertan und herrscht über die Fische im Meer und die Vögel unter dem Himmel und das Vieh und alle Kriechtiere. Ihr könntet den Babyloniern sagen, der Mensch sei mehr, als sie meinen, er sei ein Mensch. Ein Wesen mit einem eigenen Recht und einer eigenen Freiheit. Der Mensch sei kein Sklave und kein Massenwesen, das man leben lassen oder auch auslöschen kann. Er sei kein militärisches oder politisches Material, mit dem man operieren oder das man vernichten kann. Der Mensch sei ein Mensch. Aber selbst wenn sie das begriffen hätten, wären sie auf dem halben Weg stehen geblieben, denn der Mensch ist zu mehr bestimmt als zu dem, was er dem Urteil der Vernunft und der Humanität nach ist. Er ist mehr, als er selbst weiß. Er ist bestimmt, Gott gegenüberzutreten und sein Licht zu spiegeln wie das Gesicht des Mose. Er ist dazu bestimmt, in sich selbst hineinzudenken und dort dem Geheimnis Gottes ebenso zu begegnen wie draußen, wo er mit Sonne oder Meer, Pflanze oder Tier zu tun hat. Er ist selbst Ort Gottes, Ort seines Geheimnisses, und so hört und sieht er, was Gott ihm sagen oder zeigen will, und wird zum Werkzeug, mehr: zum Mitarbeiter, zum Mitwirkenden im schaffenden und wirkenden Gott. Und so wurde der sechste Tag.

Aber nun ist Gott nicht nur der Wirkende. Nicht nur der Tätige. Er ist vielmehr der Gott, der einfachhin ist. In sich ruht. Himmel und Erde sind vollendet, und Gott feiert am siebten Tag sein Werk. Er segnet diesen Tag und macht ihn heilig, und der Mensch, der sein Bild ist, ruht an diesem Tag in Gott.

Der Sabbat ist in der Tat eine der auffallendsten Besonderheiten des jüdischen Volks. Freilich ist auch diese Sitte nicht einfach aus dem Nichts aufgetaucht, sondern hat sich vielmehr in der Auseinandersetzung mit sehr alten Überlieferungen herausgebildet – wie es immer geschieht, wo Neues gedacht wird. Ein mythischer – oder noch besser, ein magischer – Brauch aus unvordenklichen Zeiten wurde aufgenommen und so grundlegend gewandelt, dass er plötzlich das Gegenteil bedeutete und bewirkte.

Der Sabbat, den wir in den Jahrtausenden vor Mose bei einigen Völkern im Orient beobachten, war ein Tabutag. Ursprünglich war der Mensch ja nicht das Wesen, das die Natur veränderte, sondern selbst ein Teil der Natur. Die Natur war stärker, und der Mensch hatte sich einzufügen. Er konnte Beeren sammeln oder Hasen jagen, aber er musste die Welt nehmen, wie sie war. Mit dem Ackerbau kam die Zeit, in der der Mensch in den Boden eingriff, ihn verletzte, ihn aufriss. Als er anfing, Tiere zu zähmen und für seine Herden Brunnen zu graben, begann er die Welt zu verändern. Aber damit vergriff er sich an der Großen Mutter: Er riss gleichsam den Leib der Mutter auf. Er begab sich in die Gefahr, dass die Mutter sich rächte.

Jede Arbeit ist ein Angriff auf die Natur. So gab es vermutlich in frühen Jahrtausenden nur einzelne bestimmte Tage des Mondumlaufs, an denen die Priester die Arbeit erlaubten, weil sich an ihnen die Natur gegen einen Angriff dieser Art nicht zur Wehr setzte. Mit der Zeit wurden die Arbeitstage vermehrt, wie es der Ackerbau verlangte, und das Verhältnis kehrte sich um. Es gab dann Tage, an denen das alte Verbot, die Erde zu verletzen, nun aber wirklich und auf alle Fälle gelten musste. Die Ruhe des Sabbats ist eigentlich das Ursprüngliche, die Arbeit ist das Kulturprodukt.

An den wenigen Tagen, die zuletzt übrig blieben, waren nun alle bösen Geister los, und wer nicht alles unterließ, was die Natur als Angriff empfinden konnte, geriet in ihre Gewalt. Man spricht heute noch von einem Hexensabbat und meint einen Tag losgelassener Naturmächte. Die Furcht, etwas zu tun, das gegen den Rhythmus und das souveräne, allem Menschenwerk vorangehende Gesetz der Natur geht, drückt sich heute noch in dem Versuch aus, in den Sternen zu lesen, ob ein Tag günstig sei für eine Reise oder eine Entscheidung. Darin liegt nicht nur einfältiger Aberglaube, sondern auch eine Art Restwissen, dass das Tun des Menschen ein Umfeld hat, dass es Voraussetzungen und Folgen hat und dass es dem Gesamtablauf des Geschehens angehören und in ihm eingefügt sein muss. Israel nahm den alten Tabutag auf und verwandelte ihn. Gott schuf die Welt, sagt die Schöpfungsgeschichte. Die Erde entstand nicht durch den Kampf oberer und unterer Mächte. In der Erde herrscht nicht die große, verehrungswürdige und gefährliche Mutter. Nicht sie bringt die Bäume hervor und die Tiere. Nicht sie lässt Gras und Getreide sprossen, nicht sie bringt das Wasser an den Tag. Die Erde ist vielmehr ein Instrument in der Hand Gottes, der sie erschuf.

Am siebten Tag aber ruht Gott. Nicht, weil er die Rache einer Widergöttin fürchten müsste, sondern weil sein Werk vollendet ist. Der Mensch, der mit Gott im Bunde ist, der ihn spiegelt, der in ihm lebt, ist frei von Dämonen und von Hexen, frei auch von unablässiger Eile. Er lässt nach sechs Tagen sein Werk. Er begibt sich mit allen seinen Kräften in die Ruhe, die in Gott ist. Er lässt sich heiligen. Seine Ruhe aber ist nicht Erschlaffung, sondern wache Gegenwart im lebendigen Gott. Der Sabbat wandelt sich in jener Zeit aus einem Tag der Angst in einen Tag der Freiheit und Geborgenheit. Er ist ein Zeichen für die Berufung des Menschen, Kultur hervorzubringen, eine Kultur, die das Heilige im Diesseits und die Transparenz des Diesseits auf das Heilige hin abbildet.

Die Woche der sieben Tage, in einem Erkenntnisakt von unglaublicher Überlegenheit entdeckt, gehört bis heute zu den großen Leistungen des freien Menschen. Singen, Sagen und Erkennen geben dem Werk seinen Sinn. Und wenn ein Jude am Sabbat die Heilige Schrift studiert, weist er damit darauf hin, dass der Mythos, der die Menschen beherrscht hatte, seine Macht abgab und Sprache geworden ist – Sprache des redenden und wirkenden Gottes. Er zeigt damit, dass der Mensch Gott gegenüber gemeinschaftsfähig geworden ist: ein freies, selbstständiges Wesen, das hört und zu antworten vermag und das die Ehre weder sich selbst noch seinem Werk gibt, noch auch irgendeinem von Gott geschaffenen Wesen, sondern dem großen, geheimnisreichen Gott allein. Das alles bedeutet, dass sich auch die Welt für uns wandelt: Sie ist kein Reich dämonischer Mächte. Sie ist ebenso wenig banaler Mechanismus. Sie ist ebenso wenig ein Reich uns fremder Gegenstände. Was ist die Welt, wenn sie Schöpfung ist?

Gott sprach: Es sollen Lichter an der Feste des Himmels aufleuchten, die sollen zwischen Tag und Nacht scheiden und Zeichen, Zeiten, Tage und Jahre abgrenzen. Sie sollen als Lampen am Gewölbe des Himmels hängen und die Erde beleuchten.

Man hat immer wieder, gerade im Gefolge der naturwissenschaftlichen Entwicklung in der Neuzeit, darauf hingewiesen, dass das bedeute: Die Sterne sind Sterne, sonst nichts. Lampen, sonst nichts. Sie gehorchen erkennbaren Gesetzen, sie sind dem großen Mechanismus unterworfen, den wir in den Ordnungen der Natur erkennen. Das ist wahr. Aber es ist erst ein Teil der Wahrheit.

Wenn wir den Gott glauben, der diese Welt umgibt, durchdringt, in der Hand hält, durchwirkt oder wie immer wir sagen, dann sind Sonne und Mond eben nicht nur Lampen, sie sind keineswegs bloße Dinge, Nichts-als-Dinge, sie sind vielmehr innerhalb Gottes, sie sind Träger Gottes, sie sind göttlicher Natur und nicht nur dinglicher Natur. Dann sind die Bäume keineswegs Nichts-als-Bäume, sie sind vielmehr innerhalb Gottes, Träger Gottes. Dann fasst, wer einen Baum anfasst, Gott an, den Gott, der unschaubar ist und doch zu schauen. Ungreifbar und doch zu greifen. Untastbar und doch zu tasten. Unerkennbar und doch zu erkennen. Dann ist dieser Gott in der greifenden Hand wie im begriffenen Baum.

Dazu kommt ein Drittes: Wenn Gott nicht den bloßen Baum schuf, wenn der Baum vielmehr in ihm bleibt und wenn er dem Menschen die Hand gab und nun selbst in der Hand anwesend ist, dann schuf er zum Dritten auch die Zone der Begegnung zwischen der menschlichen Seele und den Dingen, zwischen der Seele und Himmel und Erde, zwischen Seele und Sonne, Mond und Sternen, zwischen Seele und Baum, Seele und Tier, Seele und Licht, Seele und Dunkelheit, Seele und Wasser. Er schuf eine Welt von Bedeutungen, Entsprechungen und Bezügen. Er schuf die Seele des Menschen als einen Raum, in dem die Dinge zu ihrer eigentlichen Sprache finden, in dem sie aussprechen, was in ihnen ist.

Der Mond ist bloßes Gestein. Das ist wahr. Der Mond ist Ort und Raum, Teil und Zeichen Gottes, das ist auch wahr. Und der Mond ist ein Bild, ein wirkendes, schöpferische Kräfte weckendes, dynamisches Bild, das sich in der Seele des Menschen spiegelt. Und eines lässt sich nicht vom anderen trennen.

Der Baum ist bloßes Holz. Er ist zugleich ein greifbarer Ort des gegenwärtigen Gottes. Und er ist ein Bild, in dem sich der menschlichen Seele ein Stück ihrer eigentlichen Wirklichkeit erschließt, ein Stück der Welt, ein Stück Gottes zugleich. Und diese drei Wirklichkeiten sind in Wahrheit untrennbar eins.

Es wäre einmal darüber nachzudenken, ob sich darin nicht jene Erfahrungen widerspiegeln, die in der alten Kirche zur Formulierung der Lehre von der Dreieinigkeit Gottes geführt haben. Ob also die Lehre von der Dreieinigkeit Gottes nicht vielleicht zugleich eine Lehre von der dreieinigen Wirklichkeit der Welt und von der dreieinigen Wirklichkeit des Menschen sei.

Auch von Gott wird ja eben dies gesagt: Er ist Gott. Er ist anders als alles. Er ist ganz einfach Gott. Und in weitem Abstand davon sind wir Menschen. Nichts als Menschen. Von Gott wird aber auch dies gesagt: Er ist Gott in dieser Welt. In der Gestalt eines Menschen wurde er sichtbar, greifbar, erkennbar, hörbar. Und niemand wird in dieser Menschengestalt Jesu Christi unterscheiden können, was daran göttlich, was menschlich sei. Im Menschen Christus greifen wir, begreifen wir Gott.

Von Gott wird aber auch das Dritte gesagt: Er lebt auf seltsame Weise im Grund der menschlichen Seele. Er kommt dort sozusagen als Licht der Erkenntnis an den Tag. Er erleuchtet den Menschen gleichsam von innen und macht ihn zu einem Ort der Begegnung, des Worts, des Verstehens, des göttlichen Geistes.

Die Schöpfungsgeschichte der Bibel ist für uns heutige Menschen eine Anweisung, wie wir freier werden können. Freier von Angst. Freier von Resignation. Freier von dem zerstörerischen Irrtum, wir seien die Herren der Welt. Wir sind es in der Tat nicht. Wir wirken aber mit in dem großen Spiel, das zwischen Gott, der Welt und den Menschen in Gott selbst gespielt wird. Wissen wir das, dann löst sich der Krampf, in welchem die Angst und Herrschsucht des Menschen sich heute wie in einem Knoten zusammengezogen haben. Angst ist nicht nötig, und herrschen heißt, gelassen und behutsam mitverantworten, was mit der Welt geschieht. Dann wird die Welt frei vom Zugriff des Menschen, und es offenbart sich, dass sie Welt Gottes und des Menschen, des freien und freilassenden, zugleich ist.

Ich schaue Gottes Werk,
nahe bei mir, fern von mir,
in mir, um mich her, mir gegenüber.
Ich sehe es mit den leiblichen Augen,
mit den Augen des Geistes,

mit den Augen der Seele.
Mit den Augen der Liebe
und der Hingebung.
Mit den Augen der Hoffnung
und der Anbetung.

Wie kann ich das Ganze sehen?
Das Ganze und Eine in meinen beiden
kleinen Händen halten so,
dass es nicht zerbricht?
Spiegelt es sich nicht in mir selbst?

Schöpfung bin ich,
lebendiges Wesen –
zusammen mit den Geschöpfen Gottes.
Geheiligt durch den Christus,
der mir gleich wurde.

Geist bin ich,
Teilhaber des unsichtbaren Reiches.
Nicht vom Brot allein lebe ich,
sondern von einem jeden Wort von Gott,
das ich empfange.

Glaube bin ich,
ein Innen in meiner Seele,
mehr als meine Seele selbst.
Tief und reich ist die Quelle,
aus der Gott in mir – zu mir – spricht.

Ein Verehrender bin ich,
im Kreis der Kinder des Geistes.
Hörender und Antwortender
im großen Gespräch der Jahrtausende
und in der Gegenwart der Anbetenden.

Dies alles, was ich bin,
bin ich aus Gott.
Wenn Gott alles sein wird in allem,
werde ich eins sein in mir
und eins in ihm selbst.

❀

»Welche Tiefe des Reichtums,
der Weisheit und Einsicht Gottes!
Wie unergründlich sind seine Gedanken,
wie unerforschlich seine Wege!
Wer hat des Herrn Absicht erkannt?
Wer ist sein Ratgeber gewesen?
Er ist Ursprung,
ist Kraft und Ziel aller Dinge.
Ihm sei Ehre in Ewigkeit.«
(Römer 11,33–36)

Ich preise dich, Christus.
Du bist alle Tage bei uns auf dieser Erde.
Verlässlich wie der Grund, auf dem ich stehe.

Du bist das Licht der Welt,
und ich nehme von deinem Licht.
So wird es licht in meiner Dunkelheit.

Du bist die Stimme, die meinen Namen ruft,
wie der Urklang im Sturm des Anfangs.
Ich höre dein Wort aus deiner unendlichen Gegenwart.

Du bist die Quelle des Lebens.
Ich schöpfe aus dir, bis ich selbst Quelle bin,
aus der ewiges Leben quillt.

Ich preise dich,
Geist aus Gott, du Unendlicher
in der Unendlichkeit der Schöpfung.

Ich nehme deine Fülle auf
und bewahre das Wenige dankbar,
das Raum hat in meiner Hand.

Segne uns und behüte uns, Geist aus Gott,
erfülle uns und erfülle den Tag,
den wir gemeinsam feiern,
dir zum Dank.
Amen.

2
Jakobs Kampf am Jabbok
Schwäbisch Hall 2004

Gott, deine Güte reicht,
so weit der Himmel ist,
und deine Wahrheit,
so weit die Wolken gehen.
Wie die Berge fest stehen über den Tälern,
steht deine Gerechtigkeit fest über der Welt.
Wie das Meer unendlich sich breitet,
so ohne Grenzen ist deine Macht.
Wie kostbar ist deine Güte, o Gott.
Bei dir finden wir Menschenkinder Schutz.
Wir werden satt von den reichen Gütern,
die die Erde darreicht,
und du tränkst uns mit Wonne wie mit einem Strom.
Denn bei dir ist die Quelle des Lebens,
und in deinem Lichte sehen wir das Licht.
(Psalm 36,6–10)

❀

Vor uns liegt eine sehr alte Geschichte der Bibel. Sie spielt im 2. Jahrtausend vor Christus, also in einer Vorzeit, die wir mythisch nennen. Was ist das, mythisch? Nun, was Menschen in mythischer Vorzeit erlebten, also vor drei- oder viertausend Jahren, das fand für sie in der äußeren Welt und zugleich in ihrer eigenen Seele statt. Für sie ging ineinander über, was sie wach erlebten und was sie träumten, und es war schwierig für sie, zwischen beidem zu trennen. Sie erzählten dann eine Geschichte, die in der äußeren Landschaft dieser Welt spielte und zugleich in ihnen selbst. Wenn da eine Gefahr drohte, dann drohte sie von außen und von innen zugleich. Wenn etwas glücklich vonstattenging, dann geschah es außen ebenso wie innen. Und so stehen wir Heutigen manchmal ein wenig ratlos vor dem, was sie erzählen, und wissen nicht so recht, ob das nun wirklich geschehen sei oder ob es sich um Bilder aus der Seele eines Menschen handle. Dann kommen unsere gescheiten Zeitgenossen und sagen: Was in der Bibel erzählt wird, das ist alles Fantasie. Das hat alles so nicht stattgefunden. Die Bibel lügt uns etwas vor. In Wirklichkeit geht es in einer mythischen Geschichte immer um die Wiedergabe von Erfahrungen, die Menschen mit sich selbst machen. Erfahrungen mit ihrem Schicksal. Erfahrungen mit Leid und Glück, mit Recht und Unrecht, mit Liebe und Gewalt. Und es geht in alldem um Erfahrungen Gottes, des fernen oder des nahen, des freundlichen oder des bedrohlichen Gottes. Und diese Erfahrungen werden nun in der Form einer Geschichte erzählt.

❀

Wer also an eine biblische Geschichte dieser Art herangeht und fragt: Ist das so passiert?, der geht leicht an ihr vorbei. Er muss vielmehr nach den Erfahrungen fragen, die sich hier ausdrücken, nach den Einsichten, die aus ihnen gewonnen wurden. Denn das ist das durchgehende Thema dessen, was uns die Bibel zeigen will: Wenn du etwas von Gott erfahren willst, dann kann das so zugehen. So kannst du deine eigenen Gedanken und Träume unterscheiden von einer Wahrheit, die du findest.

Es ist doch schön, dass wir in der langen Folge der Menschen stehen, die uns etwas von ihren Erfahrungen erzählen. Dass wir nicht alles neu zu erfinden brauchen. Dass es eine Geschichte des menschlichen Glaubens und Nachdenkens gibt, die uns hilft, uns selbst besser zu verstehen, unser Schicksal in dieser Welt besser zu bewältigen, und vor allem, mehr und Konkreteres, mehr Wahrheit über Gott zu finden.

Wir müssen nicht die ratlosen Eintagsmenschen sein, wie es sie in dieser Zeit mehr gibt als je zuvor und als die wir uns selbst allzu leicht fühlen. Wir können unseren sinnvollen Schritt durch die Geschichte der menschlichen Schicksale gehen, ihrer Erkenntnisse und ihrer Irrtümer, ihres Glanzes und ihres Elends auf dieser Erde.

Eine Geschichte wie diejenige, die wir jetzt betrachten, wird uns immer zunächst fremd sein, aber nur so lange, bis uns aufgeht, dass dasjenige, was sie erzählt, auf uns selbst zukommt, von uns bewältigt und bestanden werden will. Ich will sie also in ihrem Zusammenhang kurz erzählen:

Irgendwann in der Frühzeit lebten die Erzväter Israels Abraham, Isaak und Jakob. Der jüngste der drei, Jakob, war eine der starken Figuren der biblischen Geschichte. Er ist einer der Menschen, die jedes Ziel erreichen, das sie sich setzen. Die ihr Schicksal zwingen, wenn es ihnen etwas schuldig bleibt. Die sich auch mit Tricks und Betrügereien durchsetzen. Und dieser Jakob wird glücklich, er wird reich und frei, und als er alle seine Ziele erreicht hat, fällt er plötzlich in ein tiefes Loch. In einen Abgrund. Und der Abgrund wandelt ihn. Er geht anders, geläutert und verändert, gebrochen und doch aufrecht aus ihm hervor und setzt seinen Weg fort. Wer seine Geschichte nicht kennt, kann sich eine unterhaltsame Stunde verschaffen, wenn er sie im ersten Buch Mose nachliest.

Jakob war der Sohn von Rebekka und Isaak, sein Zwillingsbruder war Esau. Weil aber Esau eine kleine Weile vor ihm zur Welt kam, war Jakob von Kindheit an der Benachteiligte. Esau war der Erstgeborene, also bestimmt zum Erben und zum Familienoberhaupt, während Jakob wusste, dass er leer ausgehen und für immer seinem Bruder unterstellt sein würde. Wer will es ihm verargen, dass er von Kindheit an den Bruder als den Rivalen ansah, der ihm das Glück gestohlen hatte? Der Ältere erbte alles, er war der Chef, und er nahm den besonderen Segen seines Vaters auf seinem Weg mit. »Das bleibt nicht so!«, sagte sich Jakob.

Eines Tages fand sich eine Gelegenheit: Esau kam todmüde und halb verhungert von einer langen Jagd nach Hause, als Jakob eben dabei war, sich ein Gericht aus Linsen zu kochen. »Gib mir von dem roten Zeug!«, stöhnte Esau. »Ich sterbe vor Hunger!« Jakob sah die Gelegenheit günstig: »Wenn du mir dein Erstgeburtsrecht dafür gibst, sollst du davon haben!« Aber Esau konnte nicht mehr: »Was soll mir das Erstgeburtsrecht, wenn ich hier vor Hunger sterbe?« Und er gab sein Recht, der Ältere zu sein, ab. Die zweite Gelegenheit ergab sich später: Der Vater Isaak war alt, blind und dem Tod nahe. Es wurde Zeit, dass er seinen Segen über dem Erstgeborenen aussprach. Der Segen war eine Macht. Er verschaffte Kraft, Erfolg, Glück und Reichtum. Jakob also inszenierte eine raffinierte Verkleidungsgeschichte, stellte sich seinem Vater als Esau vor und ließ sich segnen. Als Esau sah, dass er betrogen war, schwor er blutige Rache: »Wenn mein Vater tot ist, bringe ich ihn um!« So flüchtete Jakob. Er verschwand bei Nacht und Nebel in Richtung Ausland und floh zu einem verwandten Beduinenclan in Haran in der heutigen südlichen Türkei.

Unterwegs kam er abends an einen Ort auf der Höhe der Westbank, nördlich von Ramallah, der später Betel hieß. Dort legte er sich schlafen. Da hatte er einen imposanten Traum: Vor ihm erhob sich ein Bauwerk nach Art der Stufenpyramiden am Euphrat, an deren Vorderseite eine gradlinige Treppe bis zur Spitze hinaufführt. Bei jenen Stufenpyramiden war unten in der Ebene am Beginn der Treppe der Ort für das »Haus Gottes«, den Tempel, in dem der Priester agierte, und oben auf der Spitze stand ein Tempelchen, das man »Pforte des Himmels« nannte. Der Sinn dieser Treppe war, dass auf ihr die Boten eines Gottes oder einer Göttin mit einer Botschaft zu den Menschen herabsteigen konnten, wenn die Priester unten den Willen Gottes erkennen wollten, und dass diese Boten die Gebete der Menschen zur Pforte des Himmels hinauftragen konnten.

So träumte nun Jakob, eine solche Treppe steige vor ihm von der Erde zum Himmel auf und Gottes Engel stiegen auf ihr auf und nieder. Oben aber stehe Gott und spreche zu ihm. Er verspreche ihm, dem Flüchtling, dreierlei: Er werde einmal das Land besitzen, auf dem er ruhe. Seine Nachkommen würden sich groß und breit ausdehnen. Und er selbst, Gott, werde ihn auf seinen Wegen schützen und begleiten. Als Jakob am Morgen erwachte, fürchtete er sich und sagte: Schrecken erregend ist dieser Ort: Hier ist tatsächlich das Haus Gottes und die Pforte des Himmels! Hier will ich, wenn ich zurück bin, einen Tempel bauen.

❀

So hat man Gott gerne: Als den Lieferanten von Glück und Wohlergehen, von Schutz und Segen. Jakob konnte also seinen Wunschtraum mit Wohlgefallen quittieren. Sein Bruder hatte ihm sein Recht abtreten müssen. Der Vater ließ sich um den Segen betrügen und Gott fand daran nichts Kritikwürdiges. Im Gegenteil: Gott fand diesen Jakob gut so und versprach, ihm alles nach Wunsch zu beschaffen. Wohlgemut und hoffnungsvoll wanderte Jakob weiter, erreichte Haran, verliebte sich alsbald in die junge und schöne Rahel. Er zeugte elf Söhne, wurde Teilhaber an den Herden Labans, des dortigen Familienoberhaupts, und wurde mit allerlei Tricks reich. Nach zwanzig Jahren befreite er sich aus dem Machtbereich Labans und brach mit allem, was ihm gehörte, auf, um zu seiner Familie in den Raum nördlich Jerusalems zurückzukehren. Und da beginnt nun unsere Geschichte:

Jakob wanderte also, vermutlich über Damaskus und das Ostjordanland, und kam eines Abends in die Schlucht des Jabbok, eines Flusses, der dem Jordan von Osten her zufließt. Dort aber, am Grenzfluss zu seiner Heimat, überfällt ihn plötzlich eine panische Angst. Zwanzig Jahre lang hatte er ausgeblendet, was er seinem Bruder angetan hatte, und plötzlich wurde ihm klar, dass sein Bruder zur tödlichen Rache nicht nur berechtigt, sondern im Grunde verpflichtet war. Es wurde ihm klar, dass er praktisch, wenn er den Fluss überschritt, in den Tod ging. Ihm begann vor seinem Bruder zu grauen. Aber dabei ging ihm auch auf, dass sein ganzes erfolgreiches Leben eine Folge von Betrügereien gewesen war. Es war alles nicht echt. Es war alles nur scheinbar geglückt. Es war alles gestohlen. Und vor ihm stand die Erkenntnis, wer er wirklich war: der große Verlierer.

Dabei fiel ihm auch ein, dass er sich Gott gegenüber immer verhalten hatte wie ein orientalischer Teppichhändler. Wie er sich Gott immer vorgestellt hatte als den Lieferanten von Glück, Erfolg und Wohlergehen. Wie er immer von einem Gott geträumt hatte, der ihm zu Diensten war und den er mit Versprechungen bezahlen konnte. Der also verpflichtet war, für ihn immer der »liebe Gott« zu sein. Aber nun, an diesem Abend am Jabbok, war dieser Gott plötzlich nicht mehr vorhanden, er verschwand in der Finsternis. Plötzlich beginnt eine Wahrheit auf Jakob zuzuspringen.

Jakob wird mehrfach als ein Riese an Kraft geschildert. Aber nun beginnt er, der Überlegene, der Erfolgsverwöhnte, sich vor dem schwächeren Bruder seltsam zu fürchten. Immer dichter spinnt ihn die Vergangenheit ein. Er sendet allerlei übliche Geschenke voraus an seinen Bruder, um ihn zu versöhnen. Aber Jakob merkt: an den Tatsachen ändern alle Geschenke nichts. Er ruft Gott an und will ihn an seine Zusagen erinnern, aber Gott antwortet ihm nicht. So schickt Jakob seine Familie mit den Viehherden durch das Wasser der Furt hinüber ans andere Ufer und weiter auf den Weg, und bleibt einsam zurück am Fluss.

Der Platz liegt zweihundert Meter unter dem Meeresspiegel. Betel hatte auf der Höhe gelegen, achthundert Meter über dem Meer. Was unter dem Meeresspiegel liegt, nennen die Geografen eine Depression. Tausend Meter höher lag damals sein euphorischer Traum. Unten stand er in der Finsternis. Und in dieser Finsternis bekam er plötzlich sich selbst zu sehen. Wir sagen heute: Er stand vor seinem Schatten. All das Finstere, alle Gemeinheit, aller Missbrauch mit dem Segen Gottes – es sprang auf ihn zu mit der Gewalt einer dämonischen Macht. Gott – auch Gott war plötzlich die Nacht selbst, er verdichtete sich zu einer Macht aus der Hölle. Die Geschichte erzählt: Es sprang ihn ein Mann an und kämpfte mit ihm.

Die Geschichte wird oft so gedeutet, dass mit diesem »Mann« Gott gemeint sei. Jakob habe also mit Gott gekämpft. Aber davon ist hier zunächst nicht die Rede. Gott erscheint erst ganz am Ende unserer Geschichte. Es wird nur gesagt: Ein Mann. Vielleicht dachten die Ersten, die diese Geschichte erzählten, an einen Grenzdämon oder einen Flussgeist oder einfach einen Nachtmahr. Aber der Sinn dieser Geschichte öffnet sich uns erst, wenn wir verstehen: Alles, was sich hier so gefährlich verdichtet, war er selbst. Der nächtliche Fluss, die Schlucht, die Angst und der Dämon – alles fand in ihm selbst statt.

Nun hätte sich Jakob auch entziehen können. In allerlei Ausreden flüchten: Ich konnte doch gar nicht anders! Wer hätte mich denn glücklich machen wollen, wenn ich es nicht selbst getan hätte? Für sein Fortkommen tut doch jeder, was er kann. Aber Jakob entzieht sich der Begegnung nicht. Er ist kein Schwächling. Er nimmt es mit der dunklen Gefahr auf. Er kämpft. Er kämpft lange, bis seine Riesenkräfte an ihr Ende kommen.

❀

Ich unterbreche hier kurz. Wie es zwischen Jakob und seinem Gegner weiterging, erzähle ich später. Wir müssen nämlich nicht nur Jakob ins Auge fassen, sondern auch seinen Gegner, der ihn im Griff hatte. Je länger die Geschichte nämlich weitergeht, desto deutlicher wird, dass sich in ihm nicht nur Jakobs eigener Zustand verbarg, sondern auch sein großes Gegenüber: Gott. Dass der Abgrund, der sich um ihn her auftat, ein Abgrund in Gott war. Dass hier plötzlich alles, was er sich über Gott zurechtgedacht hatte, in Fetzen riss und sich eine dunkle Tiefe auftat. Und da müssen wir uns nun mit uns selbst und unseren Vorstellungen von Gott und mit unserer Welt befassen.

Also erste Frage: Wie stellen wir uns unsere Welt vor? Wir haben die Wahl, ob wir sie uns als eine Einheit vorstellen oder als gespalten in Gut und Böse, in Licht und Finsternis. Wenn ich sie mit den Augen von George W. Bush, dem ehemaligen Präsidenten der USA ansehe, dann ist sie gespalten. Dann sind auf der einen Seite die Guten, auf der anderen Seite die Bösen. Dann sind auf der einen Seite die Gerechten, auf der anderen die Terroristen. Dann aber haben die Guten die Aufgabe, den heiligen Kampf gegen die Bösen auszufechten. Dann sehen die Guten sich bedroht durch irgendwelche niederträchtigen Machenschaften der Bösen. Dann ist der Krieg gegen sie gerechtfertigt. Dann ist der Sieg über irgendein anderes Land ein Sieg des Guten über das Böse.

Weltbilder von dieser Naivität könnten, so ist zu befürchten, zum Ende allen Rechts auf dieser Erde führen. Dann werden die Bösen nicht mehr nach Recht und Gerechtigkeit abgeurteilt, sondern abseits allen Rechts in Guantanamo fertiggemacht. Dann wird am Ende nur ein toter Böser ein guter Böser sein.

Wenn wir die Welt mit den Augen von Christen ansehen, dann wird sich das Gute und das Böse in dieser Welt ziemlich gleichmäßig über dieses Erdenrund verteilen, und es wird uns klar sein, dass wir Menschen in Ost und West weder schwarz noch weiß sind, sondern allesamt gestreift wie die Zebras oder grau wie die Esel. Und es wird darauf ankommen, dass wir einander respektieren und einander zum gemeinsamen Leben helfen. Wir werden die Gefahr, in der der Friede auf dieser Erde steht, immer auch und zuerst in uns selbst wahrnehmen. In dieser Hinsicht jedenfalls ist unsere Welt *eine* Welt.

Zweite Frage: Wie verhält es sich mit Gott? Wo wird uns Gott begegnen? Begegnet er in allen Dingen, auch im Dunkel? Auch im Leid, auch im Rätselvollen, auch im Unbegreiflichen? Kommen also das Glück und das Unheil beide aus Gott? Oder begegnet er nur in der Helligkeit dessen, was uns einleuchtet? Nur in dem, was uns schön und sinnvoll erscheint? Dann muss in dem, was uns sinnlos oder feindlich scheint, eine andere Macht am Werk sein, dann kommen wir um einen Teufel, einen Satan nicht herum. Die Welt tritt dann auseinander in einen Himmel und eine Hölle. Gott ist also entweder der Herr über die ganze Welt in allen ihren Dimensionen, oder Herr der einen Hälfte, während die andere Hälfte von einem Widersacher Gottes beherrscht wird. Entsprechend werden wir den Auftrag unseres Lebens verstehen. Wenn die Welt ebenso wie Gott geteilt ist, dann werden wir versuchen, uns im Schutz des guten Gottes aufzuhalten, und werden uns zu Kämpfern für Gott und Christus, zu Kämpfern gegen das Böse und den Satan aufgerufen wissen.

Immer schon war das unter Christen strittig. Meist neigte man der zweiten Lösung zu, einer geteilten, dualistischen Sicht der Welt: So sprach man immer gerne von Engeln und Teufeln, von Himmel und Hölle, von Erwählung und Verdammnis. Das Leben auf der Erde stellte man sich als einen Kampf zwischen beiden Mächten vor, zwischen Gott und Satan, und stellte sich und die anderen vor die Wahl, welchem von beiden man sich zur Verfügung stellen wollte. Man sprach immer gerne vom gerechten Krieg der Frommen gegen die Gottlosen, der Guten gegen die Bösen. Der guten Völker gegen die Schurkenstaaten, und irgendwann wird in den Augen mancher Politiker auch Deutschland wegen seiner Friedensbewegung zu den Schurkenstaaten gehören.

Aber was sagt die Bibel? Der Prophet Amos fragt: »Geschieht denn irgendein Unheil, das nicht Gott selbst bewirkt?« Bei Jesaja sagt Gott: »Ich bin Gott, und außer mir ist keiner. Ich mache das Licht, und ich schaffe die Finsternis.

Ich gebe Frieden, und ich verhänge das Unheil. Ich bin Gott, der hinter allem steht« (Jesaja 45,6–7). Was aber ist dann mit dem Teufel? Für die Bibel ist der Teufel keine eigenständige Macht. Er ist vielmehr in der Bildersprache der Bibel ein Angestellter am Hof Gottes. Das Wort Satan heißt so viel wie Ankläger. Staatsanwalt. Im Buch Hiob fragt ihn Gott, was er zurzeit tue, und der Satan gibt Auskunft. Der Satan fragt Gott, ob er Hiob auf die Echtheit seines Glaubens hin prüfen dürfe. Gott erlaubt es ihm bis zu einer bestimmten Grenze, und der Satan hält sich an die Weisung. Der Satan ist also derjenige am göttlichen Hof, der das Unrecht der Menschen aufdeckt, benennt und anklagt. Der Richter aber ist Gott. Die Welt ist eine. Sie ist mit ihrem Licht und ihrer Finsternis die Welt Gottes.

Wie gesagt, das haben auch die Christen oft verkannt. Es wird zu schwierig. Es wird zu anstrengend, das Licht und die Finsternis in Gott zusammenzuhalten. Es wird einfacher, die Menschen entsprechend zu sortieren in die lebenswerten und die lebensunwerten, oder Kreuzzüge zu veranstalten gegen die Ungläubigen, Prozesse gegen die Hexen, Ausrottungsmaßnahmen gegen die Behinderten, die Juden, die Zigeuner oder die Homosexuellen und viele andere, in denen sich das Böse manifestiere. Man kann dann die Menschheit teilen in die Leistungsfähigen, denen es mit Recht gut geht, und die Untauglichen, die an ihrem Elend selbst schuld sind. Friedenspolitik wird dann eine Sache für die Weicheier. Alles aber beginnt mit Selbstgerechtigkeit, so wie alle Kriege mit Lügen beginnen, alle Siege mit Lügen gefeiert werden und alle gerechten Kriege selbstgerechte Kriege sind.

Aber das entscheidende Unglück passiert nun in uns selbst: Solange ich das Böse, dem ich in mir selbst begegne, auf den Teufel abschiebe, statt mir selbst zuzurechnen, wenn ich meinen eigenen Schatten verdränge, werde ich der Wahrheit meiner selbst nicht ansichtig sein. Ich werde in der Illusion leben, es sei mit mir selbst doch im Grunde alles richtig. Und eben dies war auch der Grundfehler beim alten Erzvater Jakob gewesen: Er war ein Erfolgsmensch. Und als solcher konnte er der eigenen Wirklichkeit kaum ansichtig werden. Die aber begegnete ihm in jener Nacht am Jabbok. Und gleichzeitig ging ihm dabei auf, dass Gott keineswegs der »liebe« Gott ist, sondern der heilige. Und dass er sich diesem heiligen Gott zu stellen hatte mit seinem ganzen schattenhaften Wesen. Ihn sprang die Finsternis an, und zwar zugleich aus Gott und aus ihm selbst.

Wenn wir einen Menschen suchen, in dem das klassisch geschehen ist, so schauen wir einen Augenblick zu Luther hinüber. Für ihn tat sich in ihm selbst ein Abgrund auf. Und in diesem Abgrund starrte ihn ein Gott an, der ihm nicht nur fremd und unheimlich, sondern der gefährlich war. Luther sprach von »Anfechtung« und meinte, dass ihn einer anspringe, mit dem er nun einen aussichtslosen Kampf zu kämpfen habe. Er fand aus dem Irrgarten der Finsternis erst heraus, als er sich auf Jesus Christus berufen konnte. Und so rät uns Luther, wenn wir im Griff des dunklen Gottes seien, wir sollten von ihm weg zu Jesus Christus flüchten und uns von ihm zeigen lassen, wer Gott in Wahrheit sei. Zu Jesus Christus, dem Bruder, der Licht habe auch für den dunklen Gott und für den Schatten in uns selbst.

❀

Aber kehren wir zurück in die nächtliche Szene in der Jabbokschlucht: Sie ringen miteinander, der Mensch und der nächtliche Geist, und als sich zeigt, dass keiner den anderen zu überwältigen vermag, schlägt der Dunkle dem Jakob auf das Hüftgelenk, sodass es sich ausrenkt. Danach will der Fremde sich losreißen und sich entfernen. Aber Jakob hält ihn fest. Er stellt ihm eine Bedingung: Ich lasse dich nur los, wenn du mich segnest! Damit aber beginnt sich die Situation zu wandeln: Der Fremde erfüllt die Bitte des Jakob nicht sogleich. Er fragt ihn vielmehr nach seinem Namen.

Wer in jener Frühzeit nach dem Namen fragt, fragt nach der Identität. Er fragt nicht so sehr: Wie heißt du? Sondern: Wer bist du? In einem Kampf aber wird keiner von beiden seinen Namen preisgeben. In jener alten Zeit bekam, wer den Namen wusste, Macht über den anderen, der seinen Namen preisgab. Denken Sie an das Rumpelstilzchen, das singt: »Ach wie gut, dass niemand weiß, dass ich Rumpelstilzchen heiß'.« Wenn also einer während eines Kampfes nach seinem Namen gefragt wird, wird er antworten: »Wer ich bin, das geht dich nichts an.« Er würde sich selbst aufgeben, er machte sich wehrlos, wenn er seinen Namen preisgab. So verzweifelt das Rumpelstilzchen völlig, als die Königin seinen Namen sagen kann. Es reißt sich selbst mitten entzwei, erzählt das Märchen.

Aber das ist nun entscheidend: Jakob hat diesen verwegenen Mut, sich zu öffnen. Sich preiszugeben. »Ich heiße Jakob«, sagt er. Er bekennt sich zu sich selbst und zu seiner Lebensgeschichte. Er legt seine Selbstüberschätzung ab, seine Ausreden, seine Beschönigungen und sagt: »Ja, das bin ich!« Er schließt sich mit seinem ganzen Menschen und seinem ganzen Schatten zusammen und sagt: »Das ist Jakob.« Das bin ich. Indem er das sagt, kommt ein wenig Licht in den dunklen Gegner. Er wird fast schon vertrauenswürdig. Er verliert einen Teil seiner Schrecken.

Und dieser Dunkle verändert Jakob. Er sagt ihm: Ich sehe in dir einen anderen Menschen entstehen. Ich sehe eine neue Wahrheit in dir aufleuchten. Du sollst einen anderen Namen bekommen. Man hat dich bisher Jakob genannt, das heißt den Trickser, den Spalter. Du sollst einen neuen Namen tragen, nämlich Israel. Du hast mit Gott und mit Menschen gekämpft, zuletzt mit Gott und mit dir selbst und hast gesiegt. Wenn wir den Namen Israel übersetzen, so lautet er: »Gott möge mein Herr sein«. Das heißt, ich will Gott so gegenüberstehen, wie es seiner Wirklichkeit, seiner Heiligkeit angemessen ist. Nicht ich bin künftig Herr über mein Schicksal. Nicht ich selbst will künftig mein Glücksbringer sein. Ich nehme das Schicksal an, das Gott mir zuweist. Ich bin keine Heldengestalt, ich bin ein schlichter Mensch und stelle mich vor den wirklichen Gott.

Am Ende stellt Jakob die Gegenfrage: Wer bist denn du? Wie ist dein Name? Aber der andere antwortet: Frage nicht nach meinem Namen. Du weißt, dass du Gott gegenüberstehst, nun, da du es zum ersten Mal wirklich mit dir selbst zu tun hast.

❀

Aber noch einmal einen Augenblick zurück in die Szene des nächtlichen Kampfes. Da sagt Jakob, während sie einander gepackt halten: »Ich lasse dich nicht los, wenn du mich nicht segnest!« Der Dämon aber tut zweierlei: Er greift nach Jakobs Hüfte und renkt sie aus. Und er beugt sich über ihn und gibt ihm den Segen, den Jakob erbeten hatte. Segnen heißt in der Sprache jener Zeit: Kraft übertragen. Innere und äußere Kraft. Jakob will also, dass er die Kräfte, die er in seine verdorbene Lebensgeschichte gesteckt hatte, wieder bekommt, die Kräfte, mit denen er sich von seinem wirklichen Wesen abgestemmt hatte. Und der Dämon gibt sie ihm zurück. Er gibt seine Macht ab und Jakob kann sich aufrichten. Seine Angst ablegen. Er greift durch die Spiegelung seiner selbst hindurch und findet sich wieder. Und er steht plötzlich vor dem wirklichen Gott. Er springt geradewegs auf das zu, was ihn bedroht und reißt dem Dämon die Maske herunter: Hier stehe ich doch nicht nur mir selbst gegenüber; das ist doch Gott! Und wenn du Gott bist, – du hast mich doch bisher gesegnet! Trotz allem: Ich will deinen Segen.

Er hat seine Schuld nicht gebüßt. Sie wird ihm auch nicht ausdrücklich vergeben. Aber es zerreißt plötzlich das ganze Gewebe, das ihn eingesponnen hatte, und er fasst nach dem einzigen Halt, den er noch hat: Er greift durch die Spiegelung seiner selbst hindurch nach Gott. Und Gott segnet ihn, den anderen Jakob. Den Israel. Und als alles durchgestanden ist, nennt Jakob den Ort »Pniel«, das heißt: Ich habe das Gesicht Gottes gesehen und wurde gerettet. Gott hatte bisher für mich immer nur mein eigenes Gesicht. Nie hatte ich den wirklichen Gott gesehen. Gott wird daran kenntlich, dass er segnet. Das ist das Eigenste an Gott, dass er sich uns zuwendet und uns gelingendes Leben gibt. Und wenn ein Mensch im Auftrag Gottes handelt, dann wird dies daran kenntlich sein, dass er segnet. Dass gelingendes Leben von ihm ausgeht. Erbarmen. Gemeinsamkeit unter den Menschen. Dass so viel Freiheit von ihm ausgeht, dass ein Mensch die Freiheit gewinnt, sich zu ändern.

Was in unseren Kirchen geschieht, geschieht oft genug im Dunkeln. Der Kampf des Jakob findet in der Kirche immer wieder statt auch zwischen den einzelnen Menschen und denen, die für Gott stehen. Die in seinem Auftrag auftreten. Aber ein Amt in der Kirche ist daran kenntlich, dass es segnet. Und dieses Mandat zu segnen, wollen wir von ihm einfordern, wenn wir denn glauben sollen, der Träger dieses Amts handle in Gottes Auftrag. Sagen: Ich lasse dich nicht los, wenn du mich nicht segnest. Segnen heißt: Leben schenken. Einbeziehen. Frieden schaffen. Zum gemeinsamen Leben helfen.

Also lasst uns unsere Kirchenoberen, die uns hindern wollen, gemeinsam zu leben und gemeinsam zu feiern, gemeinsam Jesus Christus, unserem Herrn, anzugehören, festhalten und ihnen sagen: Wir anerkennen euer Amt erst, wenn ihr uns segnet. Lasst uns sie schütteln, bis sich herausstellt, dass es wirklich ein Auftrag von Gott ist, den sie wahrnehmen, und nicht nur ihre Rechthaberei.

❀

Als danach Jakob die Furt durchschritt, ging ihm die Sonne auf, heißt es, und er hinkte an seiner Hüfte. Er setzte seinen Weg jenseits des Grenzflusses fort, nicht mehr als der unversehrte, gesunde, selbstgewisse Mensch, als der er zwanzig

Jahre zuvor in die Fremde aufgebrochen war, sondern verletzt und angeschlagen. Nicht mehr als der mit allen Wassern Gewaschene, der sein Glück zwingt, sondern als ein gewandelter Mensch; als einer, der, nachdem er sich selbst begegnet war, auch seinem Bruder begegnen konnte. Denn der kam ihm tatsächlich entgegen, wie es zunächst sehr bedrohlich erschien, mit vierhundert Mann. Aber dieser Bruder schlug ihn, den Jakob, nicht tot, sondern lief ihm entgegen, umarmte ihn, fiel ihm um den Hals und küsste ihn, und sie weinten miteinander. Am Ende sagt Jakob: Ich habe dein Angesicht gesehen und sah in ihm Gottes Angesicht.

Ein Märchen hätte einen klaren Schluss. Es würde mit der Feststellung enden: Und Jakob nahm sein Land in Besitz und lebte mit seinen Frauen, seinen Kindern und Enkeln herrlich und in Freuden. Und wenn sie nicht gestorben sind, so leben sie noch heute. Die biblische Geschichte hat diesen Schluss nicht. Im Gegenteil: Das Leben des Jakob führt danach noch tief in Not und Angst. Aber ganz am Ende steht die seltsame bedeutungsvolle Szene, wie er seine beiden Enkel vor seinem Tod segnet und dabei den jüngeren dem älteren vorzieht, als wolle er sein eigenes Leben noch einmal nachzeichnen und dem jüngeren Enkel die Freiheit zusprechen, die er selber in seiner Kindheit vermisst hatte. Und diesmal so, dass der sich diese Freiheit nicht selbst beschaffen muss.

❀

Aber gehen wir noch einen letzten, entscheidenden Schritt. Was sagt die Geschichte uns, die wir Jesus Christus kennen? Was spiegelt sich in ihr? Als Jesus zum ersten Mal öffentlich auftrat, beschrieb er den Sinn seines Auftrags: Der Geist Gottes ist über mir. Wie ein Licht. Wie ein Stern. Mein Auftrag ist, unter diesem Licht, mit diesem Licht in der Hand dorthin abzusteigen, wo die Dunkelheit der menschlichen Seele am dichtesten ist. Sozusagen den steilen Weg hinab in die Schlucht des Jabbok. Dorthin, wo die Menschen nicht nur mit ihrem dunklen Schicksal zu kämpfen haben, sondern auch mit der Dunkelheit in ihnen selbst und auch mit dem dunklen Gott. Dort unten aber geht es mir nicht um einen Kampf gegen irgendwen, sondern um die versöhnende Hingabe des Bruders, in dessen Gesicht sich Gott offenbart. Dort unten will ich den Menschen helfen, dass sie sagen können: Ob ich schon wanderte im finstern Tal, auch in der dunklen Schlucht des Jabbok, fürchte ich kein Unglück, denn du bist bei mir. Ich will, dass für die Menschen das Gesicht Gottes in seiner Wahrheit aufleuchtet. Dass ihnen die Sonne aufgeht und sie ihren Weg in den Morgen gehen können. Ich will ihnen sagen, dass sie einen neuen Namen bekommen sollen: den einer Tochter, eines Sohnes Gottes. »Wer mich sieht, sieht den Vater«, sagte Jesus. Und für uns heißt das: An uns allen liegt es, den Vater im Gesicht des Bruders Jesus wahrzunehmen, und danach in jedem Menschenbruder, jeder Menschenschwester das Gesicht Gottes wiederzuerkennen.

Wir werden danach selber die sein, die absteigen, nicht nur von ihren hohen Rössern und von ihren Illusionen über sich selbst, sondern auch hinunter zu denen, die unten mit ihrem Schatten, mit dem Schatten ihres Schicksals oder mit dem Schatten Gottes zu kämpfen haben. Wir werden die Schwachen sein an der Seite der Schwachen. Die Trauernden an der Seite der Trauernden, die Bedrängten in der gemeinsamen Gefahr mit den Bedrängten. Vielleicht auch einmal die Überwinder für die, die nicht zu überwinden vermögen. Die Liebenden in der Verlassenheit der Ungeliebten und in all unserer eigenen Schwachheit doch Instrumente der Kraft Gottes. Vielleicht sind wir selbst dabei die Hinkenden, die Angeschlagenen, aber wir wissen doch um den Weg durch das Wasser und den Weg, der in die Freiheit führt. Und das Gesicht des Esau, jenes Menschen, von dem wir meinen, er bedrohe uns, wird uns zu einem Licht, das, wie der 1. Petrusbrief sagt, an einem dunklen Ort leuchtet, bis der Tag anbricht und der Morgenstern aufgeht in unserem Herzen. Vielleicht können wir dabei etwa so sprechen:

Wenn mich einer fragt, wer ich bin, so kann ich sagen:
Ich weiß es nicht. Es ist aber einer, der es weiß.

Ich weiß nicht, was mich erwartet.
Es ist aber einer, der es weiß.

Ich muss nicht selbst für mein Fortkommen sorgen.
Ich bin geführt. Ich bin gehalten.

Ich muss kein Held sein und kein toller Hecht.
Ich habe meinen Wert anderswo her.

Ich bin angefüllt mit Fehlern und Versäumnissen.
Aber ich brauche nicht zu bleiben, was ich bin.
Mir steht eine Wandlung bevor.

Ich ängste mich nicht.
Ich stehe in Gottes Hand und werde in ihr bleiben.

Es ist viel Unruhe in mir und viel Streit.
Aber ich lebe im Frieden.

Ich bin nicht mehr von mir selbst festgehalten.
Ich bin ein freier Mensch. Ich kann aufatmen und leben.

Amen

3
Hagar am Brunnen und der heutige Islam

Bremen 2009

Eine der neuen Aufgaben, die unsere Zeit den Kirchen stellt, ist der Umgang mit den fremden Religionen, die in unserem Land sich heimisch machen. Von dieser neuen Aufgabe spricht der biblische Text, den wir bedenken wollen. Ich nehme dieses Thema vorweg, indem ich ein aztekisches Gebet lese:

> O Herr der Welt,
> dir singe ich.
>
> Alles blüht um mich her,
> und die Welt ist gesegnet und voll Freude.
> Dir singe ich! Wie glänzt jetzt der Tau,
> wie jubeln alle die bunten Vögel,
> der Gesang der Zwitschernden tönt überall!
> Alle singen zu Ehren dir,
> dem Erschaffer des Alls, dem einen Gott.
>
> Du allein bist die Quelle des Gesanges,
> im Himmel wird das Lied geboren,
> und die heiligen Vögel jubeln im Wechselgesang
> zum Preise des, der die Welt geschaffen.
>
> Mein Herz hört die Stimmen,
> und ich will alle dunklen Schleier der Vergangenheit
> den Winden geben,
> damit auch mein Seufzen aufsteigt
> in den unendlich leuchtenden Himmel,
> hoch hinauf, und mitklingt,
> wo die gelben Kolibris singen
> zum Preise des Gottes der Himmel.

Ach, ich will nicht weinen auf Erden.
Verfällt nicht das Haus irdischer Träume?
Ach, ich weiß: Was immer die Erde trägt,
muss enden, wie hier unser Leben endet.
Doch will ich singen zu dir, durch den die Welt besteht.
In den Himmel hinauf möge meine Seele dir singen,
so sieh sie freundlich an,
du, in dem sie ihr Leben hat.

❀

Die Geschichte von Sara und Hagar aus dem Alten Testament hat viel Fremdes an sich und viel Merkwürdiges. Sie ist ein Dokument aus sehr alter Zeit. Sie spielt um die Mitte des 2. Jahrtausends vor Christus, unter den Hirtenvölkern am Rand der arabischen Wüste, zu denen auch Israel in seiner ältesten Zeit gehört hat. Und wir werden dabei einer jener neuen Aufgaben unserer Kirche am Anfang des 21. Jahrhunderts begegnen, dem Umgang mit fremden Religionen.

❀

Sara, Abrahams Frau, blieb durch lange Zeit hin ohne Kinder. Nun hatte sie aber eine Sklavin namens Hagar. Da sagte sie zu Abraham: »Du siehst, Gott hat mir versagt, Mutter zu werden. So wohne doch meiner Leibmagd bei! Vielleicht komme ich durch sie zu Kindern.« Und Abraham tat, wie es ihm Sara vorschlug.

Als Hagar nun schwanger war und sah, dass sie ein Kind bekommen würde, verspottete sie Sara, ihre Herrin. Die wandte sich an Abraham: »Das habe ich nun davon! Nun muss ich mich von meiner Magd verspotten lassen! Gott soll dich dafür strafen!«

Abraham antwortete: »Du hast doch das Recht, mit deiner Magd zu tun, was du willst. Tu, was dir richtig scheint.« Da misshandelte Sara sie mit großer Härte, sodass Hagar vor ihr floh.

Als sie nun auf ihrer Flucht in der Wüste an eine Quelle kam, sprach ein Bote von Gott sie an, ein Engel: »Hagar, Saras Magd, wo kommst du her? Und wo gehst du hin?« Sie antwortete: »Ich bin auf der Flucht vor meiner Herrin.« Der Engel sprach: »Kehre zurück zu deiner Herrin und füge dich ihr. Wenn du nun einen Sohn haben wirst, so wisse, dass er sich sehr vermehren wird zu einem großen Volk. Unzählbar werden seine Nachkommen sein. Gib ihm den Namen ›Ismael‹, das heißt: ›Gott hört‹, denn Gott hat deine Klage gehört. Dein Sohn wird wild sein wie die Wüste und wie ihre Tiere, ungebändigt. Er wird jedermann bedrohen und angreifen, er wird jedermann Gewalt antun, auch seinen eigenen Brüdern.«

Da gab Hagar dem Gott, der zu ihr geredet hatte, einen neuen Namen. Sie sagte: »Du bist der Gott, der schaut. Du bist ein Gott des Schauens. Denn ich habe wirklich Gott geschaut und bin dabei dennoch am Leben geblieben.« Darum nannte man die Quelle später den »Brunnen des Lebendigen, des Schauenden«.

Hagar aber gebar dem Abraham einen Sohn. Den nannte Abraham »Ismael« – »Gott hört«.

(1 Mose 16,1–15)

❀

Das erste Buch der Bibel erzählt von den Müttern und den Vätern, von denen Israel herstammt. Es erzählt von der frühen Zeit, in der es ins Licht der Geschichte tritt, und von allerlei Religionen, mit denen seine eigene Religion verwandt ist oder von denen es sich abgrenzt.

Es war die Zeit zwischen 1500 und 1200 vor Christus, in der die Völkergruppe der Aramäer, zu denen Israel gehörte, aus der arabischen Wüste kommend, in das Kulturland von Syrien und Mesopotamien einsickerte und sich allmählich bis zum Jahr 1000 darin festsetzte. Es erzählt von Abraham, dem Urvater, der, aus der Kultur der Babylonier kommend, im heutigen Palästina Fuß fasste, der dort seine eigenen religiösen Erfahrungen machte. Und es erzählt, wie es zuging, dass die Religion Abrahams danach in den arabischen Raum ausstrahlte.

Wir wissen, wie sich aus der Religion Abrahams die jüdische Religion entwickelte und wie aus der jüdischen die christliche hervorging, und wie aus Judentum und Christentum der Islam entstand. Und so wird von Mohammed gesagt, er sei ein direkter Nachfahre Abrahams, und Mohammed sagt selbst, der Islam sei nichts anderes als die Religion Abrahams.

Unsere Geschichte weiß davon natürlich noch nichts. Sie erzählt aber die Ausgangssituation. Und sie erzählt von den Verhältnissen in einer damaligen Nomadenfamilie. Von ihren Rechten und Sitten und Konflikten. Sie berichtet von einem besonderen Recht, das den Frauen in jener frühen Zeit zustand: Dieses Recht sagt: Wenn es der Herrin, der Frau des Clanführers, nicht gegeben ist, eigene Kinder zu bekommen und also ihrem Manne einen Erben zu verschaffen, so kann sie ihre Sklavin ihrem Mann zur Verfügung stellen. Wenn dann die Sklavin von ihm ein Kind bekommt, bringt sie es so zur Welt, dass sie bei der Geburt auf den Knien der Herrin sitzt, sodass man nicht so recht feststellen kann, wer das Kind geboren hat. Auf diese Weise wird der Sohn zum rechtmäßigen Erben des Familienoberhaupts. So hielt man es aber nicht nur in jener Nomadenszene, sondern in der ganzen altorientalischen Kultur.

Sara also greift zu dem ihr zustehenden Recht auf eine Leihmutterschaft ihrer Sklavin. Aber Hagar ist viel mehr als eine Sklavin. Sie ist eine starke und selbstbewusste Frau. Als sie bemerkt, dass sie schwanger ist, stellt sie fest, nun sei sie eigentlich die Hauptfrau Abrahams, Sara die Nebenfrau. Sie hat jetzt für die Großfamilie mehr an Wert, als Sara je gehabt hat. Sie lässt das Sara spüren. Sie verhöhnt sie und besteht auf ihrer neuen Rolle als Lieferantin des Erben.

Nun greift Sara Abraham an: Ich habe dir meine Magd gegeben, und jetzt macht sie mir meinen Platz als deine Frau streitig. Gott soll dich strafen. Und Abraham gibt ihr Recht: »Sie ist doch deine Sklavin! Mach mit ihr, was du willst!« Da nimmt Sara ihren Mut zusammen und schikaniert und quält Hagar. Aber Hagar fügt sich nicht. Sie flüchtet in die Wüste, obwohl sie weiß, dass, wer allein in die Wüste flieht, darin umkommt.

Auf ihrem Irrweg kommt sie an eine Quelle. Quellen oder Brunnen sind in den Geschichten jener Zeit immer und immer wieder die Orte, an denen die entscheidenden Begegnungen stattfinden. Das ist natürlich, denn dorthin muss jeder Schaf- oder Ziegenhirt täglich einmal mit seiner Herde kommen, wenn er überleben will. Und so werden die Quellen immer auch Orte der Begegnung mit übersinnlichen Kräften. Hagar macht dort eine religiöse Erfahrung: Ihr begegnet irgendein Bote von Gott. Wie das zuging, wird nicht gesagt.

Der fragt sie: »Hagar, wo kommst du her? Wo willst du hin?« Hagar antwortet: »Ich bin auf der Flucht vor meiner Herrin.« Da gibt ihr der Engel die Weisung: »Dann kehre um zu deiner Herrin und füge dich ihr. Anders wird dein Sohn keine Zukunft haben. Anders wird er nicht überleben. Er soll aber gesegnet werden. Er wird zum Stammvater eines großen Volks werden. Gib ihm den Namen ›Ismael‹, das heißt ›Gott hat deine Klagen gehört‹. Er wird ein Mensch der Wüste sein. Ungebärdig wie die Wüste und ihre Tiere. Er wird für jedermann gefährlich sein. Er wird jedermann Gewalt antun, selbst seinen Brüdern.«

Da tut Hagar etwas Einzigartiges. Sie nimmt diese Erfahrung der Begegnung mit Gott zum Anlass, Gott einen neuen, anderen Namen zu geben. Das ist die Weise, wie neue Religionen entstehen. Sie sagt: Das ist der Gott, der mich gesehen hat und mich gerettet. Das ist der Gott, der schaut. Das ist der lebendige, der Leben schaffende, der mich begleitet. Der mich sieht. Und den ich sehen durfte. Das ist der Gott des Schauens. Und später nannte man nach ihrem Erlebnis die Quelle den »Ort des schauenden Gottes«.

❀

Hier ist nun der erste Punkt, an dem wir Halt machen müssen und nachfragen. Was sagt uns das denn, wenn hier Hagar behauptet: »Mir ist Gott begegnet. Ich habe seine Stimme gehört«? Und was meinen wir Heutigen, wenn wir sagen, wir hätten ein Zeichen von ihm erlebt? Wir hätten eine Erfahrung mit ihm gemacht?

Ich selbst habe eine ganze Reihe solcher Erfahrungen hinter mir. Mir erzählt keiner, es sei alles Täuschung oder Irrtum oder psychologisch erklärbar, was wir eine Gotteserfahrung nennen. Und andere machen ähnliche Erfahrungen. Wir alle haben die Voraussetzungen in uns, die uns zugänglich machen für Erscheinungen oder Anreden Gottes.

Wir erfahren viel mit unseren leiblichen Sinnen, im Staunen und Bewundern der Dinge. Es geschieht viel im Traum. Oder in Eingebungen. Es geschieht viel so, dass wir plötzlich wissen, was irgendwo in großer Ferne geschieht. Oder dass wir plötzlich wissen, was in der Zukunft geschehen wird. Oder im Gipfelerlebnis, in der visionären Erfahrung oder in der religiösen Ekstase. Wir müssen da freilich bereit sein, etwas Unbekanntes in uns einzulassen. Einer bewegenden Kraft zur Verfügung zu stehen. Wir hören Gottes Stimme im Grund unserer Seele. Und das geht so weit, dass wir uns berufen lassen zu einem Dienst, der für Gott und die Menschen geleistet werden muss. Man geht heute solchen Erfahrungen aufmerksamer nach, als es früher geschehen ist.

Und für mich ist es überhaupt keine so rätselhafte Sache, dass ich darüber nachzudenken hätte, ob denn Ähnliches möglich sei. Ich bin in meinem langen Leben unzähligen Menschen begegnet, die mir auf glaubwürdigste Weise von Erfahrungen dieser Art berichtet haben. Und ich habe selbst solche Erfahrungen gemacht.

Wir sprechen vom Geist Gottes. Das bedeutet: Wir lassen ganz offen, auf welche Weise uns etwas wie eine Gottesbegegnung anrührt. Denn mit dem Geist Gottes meinen wir die Nähe und Wirksamkeit Gottes in uns selbst. Wir meinen damit, dass es Inspirationen gibt, die sich an uns richten.

Offenbarungen, in denen uns ein Licht aufgeht. Eine Anrede, die uns anspricht. Und zwar nicht von außen her, sondern von innen, im Grund unserer Seele. Eine Anrede nicht an unser Bewusstsein und nicht nur an die Tiefen unseres Unbewussten, sondern noch tiefer in uns, im Grund unserer Seele. Und wer dort Gott hört, der weiß zugleich, dass es Gott ist, der zu ihm spricht. Er wird zugleich zu der Überzeugung gelangen, dies sei eine der Aufgaben, die uns Christen am Beginn des 21. Jahrhunderts gestellt ist: uns mit allen den vielen Weisen religiöser Erfahrung zu beschäftigen, die gerade wir Protestanten in den vergangenen hundert Jahren aus der theologischen Diskussion ausgespart haben.

Wir haben gesagt: Allein das Wort der Bibel ist Gottes Wort. Wir müssen wieder hinzufügen: Wort von Gott kann auch sein, was wir selbst, unmittelbar zu uns selbst, von Gott gesagt bekommen. Wir müssen dafür freilich die Achtsamkeit, das Gespür und das Gehör einüben, um in den spirituellen Zustand zu gelangen, in dem wir unterscheiden können, was wir selbst uns sagen und was Gott zu uns spricht. Wir werden dann erkennen, dass all dies nicht etwa esoterischer Unsinn ist, dass hier vielmehr der Kern unseres Glaubens liegt, dessen wir im Lauf unseres Lebens immer gewisser werden können.

❀

Aber nun wieder zurück zu unserer Geschichte, die sich immer mehr zu einem Krimi entwickelt: Hagar kehrt also um und bringt auf den Knien der Sara einen Sohn zur Welt. Einige Jahre später wird aber nun Sara selbst schwanger und gebiert einen Sohn: Isaak. Da wendet sie sich an Abraham: Der ist der eigentliche Sohn. Dein Erbe. Nicht der Sohn meiner Magd. Verstoße diese Magd samt ihrem Sohn, er soll nicht mit meinem Sohn und auf seine Kosten erben.

Und wieder gibt der seltsam schwache Mann nach. Er steht an einem frühen Morgen auf, nimmt Brot und einen

Ledersack mit Wasser, legt das mitsamt dem Sohn der Hagar auf die Schulter und schickt sie in die Wüste. Sie zieht also hin und irrt in der Wüste umher. Als das Wasser im Schlauch aufgebraucht ist, wirft sie den Knaben unter einen Strauch, entfernt sich einen Bogenschuss weit von ihm und sagt: »Ich kann nicht mit ansehen, wie das Kind stirbt.« Und da wiederholt sich die vorige Szene. Es wird erzählt: Gott hörte die Stimme des Knaben und seiner Mutter. Ein Bote Gottes rief Hagar an: »Steh auf! Fürchte dich nicht! Nimm den Knaben an der Hand und geh weiter!« Und Gott öffnete ihr die Augen. Da fand sie eine Quelle und war gerettet. Und Gott half den beiden zu überleben. Der Knabe wuchs heran, wurde ein Jäger und lebte in der Wüste.

Erst war sie in die Wüste geflohen. Dann wurde sie zurückgeschickt. Später wird sie in die Wüste verstoßen. Ihr Schicksal war das zuerst gewünschte, dann das unerwünschte Kind, dessen Schicksal von Anfang an von der Wüste geprägt war. Aus diesem doppelten Rahmen ihrer Lebensgeschichte erwuchs das Volk der Ismaeliter oder, wie die Araber sagen, der Hagariter. Und dieses Volk, das mit Israel verwandt war, wurde zugleich für Israel zu einem bitter gehassten Feind, zu einem Repräsentanten der Araber.

❀

Am Ende wird erzählt: Als Abraham starb, begruben die beiden Söhne, Isaak und Ismael, der anerkannte Erbe und der Verstoßene aus der Wüste, ihren Vater gemeinsam in einer Höhle bei Hebron. Und wieder wird damit gesagt: die beiden Völker sind Brüder und sie bekennen sich dazu.

Von Ismael, dem Sohn der trotzigen, selbstbewussten Hagar, der starken Frau, wird gesagt, er habe sich von Israel aus gesehen im Südosten angesiedelt, in der arabischen Wüste. Wenn wir nun unter den alten Ortsnamen dieses Raums herumsuchen, so finden wir dort eine Stadt mit dem Namen Hagra. Die liegt in der Mitte zwischen Mekka und

Jerusalem. Und was dabei wichtig ist: Sie liegt an der Weihrauchstraße.

Die Weihrauchstraße war einer der klassischen, großen Handelswege der alten Welt wie etwa auch die Seidenstraße. Sie führte von den Weihrauchplantagen im Süden der arabischen Halbinsel, dem Hadramaut, über den Jemen, das Reich der Königin von Saba, zweitausend Kilometer weit durch die Wüste, über Mekka und Hagra nach Petra und Jerusalem und bediente die unzähligen Tempel des Mittelmeerraums mit dem heißbegehrten Weihrauch.

Das war nur möglich, solange die Karawanen in den Orten an der Straße immer wieder Schutz und Nahrung, Wasser und Unterkunft fanden. So bildete sich ein Mautsystem aus, das von den einzelnen Orten ziemlich willkürlich gehandhabt wurde. Die Karawanen wurden von jedem Beduinenstamm, durch dessen Gebiet sie kamen, brutal ausgenommen. Jede Karawane musste ein Teil ihrer Ladung an Weihrauch abliefern. Tat sie das nicht oder versuchte sie, an der Stadt vorbeizukommen, so wurde sie niedergemacht. Und die wilden Stämme dort lebten gut dabei. Auch die Hagariter, die unsere Geschichte als wild und brutal beschreibt.

❀

So weit, so gut. Aber kann diese so unendlich weit entfernte Geschichte uns heute noch etwas sagen? Ja. Sie kann uns außer zur ersten Aufgabe unserer Kirche in dieser Zeit, dem Umgang mit den Gotteserfahrungen, noch an eine zweite, aktuelle Aufgabe heranführen, und zwar folgendermaßen:

Im 7. Jahrhundert nach Christus tritt in Mekka ein Mann namens Mohammed auf. Er macht den Versuch, die weitgehend primitiven religiösen Vorstellungen der Wüstenvölker dadurch zu vertiefen und neu zu fassen, dass er die alten Traditionen, die dort galten, aufgreift und damit nach der religiösen Identität der arabischen Völker sucht. Er versucht, im Anschluss an das Judentum und das Christentum jener Zeit, an die Ursprünge der arabischen religiösen Kultur heranzukommen.

Dabei greift er unsere Geschichte von Hagar auf, die offenbar unter den Wüstenvölkern seiner Zeit noch immer erzählt wurde. Hagar galt nach diesen Überlieferungen als Stammmutter der arabischen Völker. Mohammed verkündet den Islam als die Religion des einen Gottes und bezeichnet ihn als nichts anderes als die Religion Abrahams. Abraham ist ihm der Erste, der den Islam, den Glauben, begründete und vertrat.

Die Erzählungen über Hagar und Ismael haben für ihn ihre Haftpunkte in Hagra und im Berg Thur in der Nähe von Mekka. Hagar war ihnen die Urmutter, der es gegeben war, Gott zu schauen, und die das Bindeglied war, über das der Segen für Abraham an die arabischen Völker überging. Hagar, so sagt Mohammed, hat mit ihrem Sohn Ismael zusammen später die Kaaba in Mekka angeregt und eingerichtet. In Mekka zeigt man heute die Grabstätten von Hagar und Ismael. Dabei wird uns deutlich sein müssen, dass die geistige Geschichte eines Volkes, einer Kultur oder einer Religion sich oft in Legenden ausspricht, die vordergründig der produktiven Fantasie eines Erzählers zuzuschreiben sind, die aber der Wahrheit einer Herkunft eine gute Antwort geben.

Der Islam war für die Christenheit immer ein Nachbar. Ein Nachbar und ein Konkurrent um die Wahrheit. Und wenn er sich in Jerusalem festsetzte, wie in der Zeit der Kreuzzüge, dann wurde er zum bitter gehassten und bekämpften Feind, obwohl wir, was unsere eigene kulturelle Geschichte betrifft, dem Islam des Mittelalters ganz grundlegende Einsichten über unsere eigene antike Geschichte verdanken.

Aber der Islam ist heute nicht mehr der Feind in der Ferne, sondern der Nachbar in der Nähe. Millionen von Moslems wohnen in unserem Land. Sie arbeiten neben uns und mit uns in den Büros und in den Fabriken, leben mit uns in denselben Wohnblocks und spielen Fußball in unseren deutschen Vereinen. Sie leben mit uns in unserem abnehmend christlichen Abendland, und wir sind gefragt, wie wir zu ihnen stehen und mit ihnen leben wollen. Kommt also die Geschichte Abrahams, Hagars und Ismaels nach mehr als dreitausend Jahren heute plötzlich auf Umwegen über Mekka vom Haus und Garten des Nachbarn aus wieder zu uns zurück? Und was fangen wir mit ihr an?

❀

Vielleicht ist es gut, wenn ich zwischendurch frage, wozu man eigentlich einen Kirchentag braucht. Ich begleite die Kirchentage nun seit ihren Anfängen vor sechzig Jahren nach dem Zweiten Weltkrieg. Was ist auf ihnen geschehen, das von diesem Sinn und Auftrag der Kirchentage spricht?

Der Kirchentag ist eine evangelische Gegenkraft gegen eine nur verwaltete, nur bewahrende Kirche. Er ist ein Forum, auf dem ohne Verpflichtung auf Gewesenes und Gewordenes frei über die Stunde nachgedacht wird, in der die Kirche steht. Nachgedacht über den Zustand der Gesellschaft, in der sie lebt. Über den Zustand der Menschheit. Eine organisierte Kirche braucht manchmal lange Wege, bis eine Veränderung in der Gesellschaft zu ihr durchdringt. Und das sollten wir ihr nicht übel nehmen. Aber wir sollten unsere Aufgabe darin sehen, uns umzusehen, die Lage zu erkennen, in der wir uns befinden, und in die Zukunft zu blicken mit der Frage, was wir denn künftig anders zu machen hätten.

Als 1969 der Kirchentag in Stuttgart das Motto »Hunger nach Gerechtigkeit« zum ersten Mal auf die Bühne brachte, da sekundierten die Jüngeren mit dem Motto »Durst nach Revolution«, und die ganze wichtige Erneuerungsbewegung der Siebzigerjahre griff damit auf die Kirche über.

1971 auf dem ökumenischen Pfingsttreffen in Augsburg ertönte der Ruf: Nehmt einander an, ihr Konfessionen! Mit euren Machtansprüchen und eurem Eigensinn. 1973 ging es um das Thema: »Die Konfessionen sind nicht ein Ausdruck, sondern ein Hindernis für den Glauben.«

1981 in Hamburg geschah auf dem Kirchentag der Aufbruch der Friedensbewegung, der ersten starken innerkirchlichen pazifistischen Kraft. »Die Zeit ist da«, sagte man, »für ein Nein ohne jedes Ja zu Massenvernichtungswaffen.« Dort wurde auch, noch gegen alle öffentliche Meinung, unüberhörbar über den Schutz der Schöpfung geredet.

1985 in Düsseldorf wurden diese Themen gebündelt zu der Forderung nach Frieden, nach Gerechtigkeit und nach Schutz der Schöpfung, und ein konziliarer Prozess eingeläutet zur Kundgabe dieser drei neuen Aufgaben.

In den Neunzigerjahren kam danach das Thema der praktischen Frömmigkeit unter dem Stichwort Spiritualität auf.

Beim Kirchentag 2007 in Köln setzte sich, unabhängig von aller Planung, zum ersten Mal das Thema »Umgang mit dem Islam« durch.

Alle diese Themen hatten eines gemeinsam: Sie lagen alle außerhalb dessen, was man in der Kirche gewöhnt war. Sie forderten von der Kirche eine Veränderung ihres Denkens und ihrer Planung. So ist es auch mit dem Thema, das uns im Beginn dieses Jahrhunderts begegnet: dem Umgang mit den Religionen der Welt, den Religionen, die sowohl irgendwo auf dieser Erde zu Hause sind als auch im Haus und Garten unserer Nachbarschaft im eigenen Land lebendig.

❀

Und das ist das Thema, das uns heute vor den Füßen liegt und das wir aufzunehmen haben. Es ist ein Thema von großem Gewicht: Wer ist denn der Gott, der in anderen Religionen angebetet wird? Ist es im Islam der Gott, den wir im Alten Testament finden? Oder gar im Evangelium?

Und was ist denn an Gott so verschieden, dass ein gemeinsames Gebet zwischen einem Moslem und einem

Christen so ganz undenkbar ist? Ist Gott verschieden? Oder sind es zwei Götter? Oder ist es nur das Bild, das wir Menschen uns von Gott machen, das so verschieden ausfällt? Und wenn wir sagen: Es ist nur ein Gott, wird dann ein Moslem denselben Gott erreichen wie wir, auch wenn er ihm einen anderen Namen, nämlich Allah, gibt, was eigentlich nur so viel heißt wie »Gott«?

Was sagen wir überhaupt damit, wenn wir feststellen, es gebe falsche Götter oder falsche Namen für Gott. Bei den Magandscha, einem afrikanischen Stamm, betet die Priesterin: »Höre du, o Mpambu, sende uns Regen!«, und der versammelte Stamm antwortet mit leisem Klatschen und in singendem Ton: »Höre, o Mpambu!«

Nun sind wir überzeugt, es gebe keinen Regengott Mpambu, die Priesterin rede also ins Leere. Nun gut, es könnte ein falscher oder unzureichender Name für Gott gemeint sein. Wer aber hört den Ruf der Priesterin? Wer sieht die beschwörenden Tänze? Wird es nicht der eine Gott sein, der jedem Menschen nahe ist auf dieser runden Erde, der jede Stimme eines Menschen immer gehört hat und hört! Oder nehmen wir an, Gott höre nicht, wenn er nicht mit seinem korrekten Namen angesprochen wird?

Wie wichtig ist denn für ein Gebet die Vorstellung, die ein Mensch sich von Gott macht? Wenn ein Gebet, das ein heutiger Zeitgenosse spricht, Berechtigung haben soll, Sinn und Wert, je nach der Richtigkeit der Vorstellungen, die er sich von Gott macht – wessen Gebet soll Gott dann überhaupt hören? Ein Kind betet zu dem Gott, den es sich in seinen kindlichen Bildern vorstellt, und Gott hört. Gebildete und Ungebildete stellen sich Verschiedenes vor. Wenn sie aber beten, hört sie der eine Gott des Himmels und der Erde. Wer soll es sonst sein?

Über dieses Thema muss heute geredet werden. Und auch über ein zweites Thema: Al Halladsch, einer der großen islamischen Weisen aus der Anfangszeit des Islam, hat gesagt:

»Wenn du meinst, eine Religion sei falsch, dann täuschst du dich über die Weise, wie Menschen zu ihrer Religion kamen. Du sagst damit, sie hätten sie selbst erfunden oder sie hätten sie sich ausgesucht. Aber ihre Religion hat Gott selbst den Menschen gegeben. Darum ehre sie, wie du Gaben Gottes ehrst.«

Ich würde hinzufügen: Und lebe die Wahrheit deines eigenen Glaubens so, dass sie verstanden werden kann, und vor allem so, dass es anderen möglich wird, sie zu ehren. Vielleicht gar: sie zu lieben.

Und das dritte Teilthema ist die Frage, auf welche Weise denn irgendeine fremde Religion zu ihren Glaubensvorstellungen gekommen sei. Und wir werden sagen müssen, dies geschehe auf den Wegen der religiösen Erfahrung. Und wieder wird es nötig sein, zu klären, welche Rolle denn die religiöse Erfahrung im Raum des christlichen Glaubens, das heißt des Glaubens an den heiligen Geist Gottes, spiele.

Das kann ich jetzt nur andeuten. Ich möchte aber dazu auffordern, dass wir uns dieses neuen und aktuellen Themas in den kommenden Zeiten gründlich annehmen, denn es geht ja nicht nur darum, dass wir fair mit Menschen fremden Glaubens umgehen. Nicht nur darum, dass wir auf freundliche Weise mit ihnen auskommen. Nicht darum, dass wir ihnen ihre vermeintlichen Irrtümer nicht übel nehmen. Nicht nur darum, praktische Formen des Zusammenlebens zu entwickeln. Ich meine, es gehe noch um etwas anderes.

Es geht heute um die Erhaltung des Friedens. Es geht um eine neue Gerechtigkeit zwischen den Völkern und sozialen Schichten. Es geht um die Rettung der Lebenssphäre auf unserer Erde. Wir Christen treten dafür ein, dass man auf diesen drei Feldern lernt umzudenken und das Nötige zu tun. Aber wir haben nur unsere eine, die christliche Stimme. Bleiben wir damit allein, so werden wir nichts erreichen.

Das sind die drei neuen Themen, die die christlichen Kirchen im 20. Jahrhundert entdeckt haben. Und alle drei müssen nun gegen jahrhundertealte Gewohnheiten durchgesetzt werden. Die Christen waren immer schon der Meinung gewesen, Gewaltlosigkeit sei eine Illusion, und sie haben ihre Kriege mit derselben Brutalität geführt wie andere Leute auf dieser Erde auch.

Den Christen ist der Gedanke einer weltweiten Gerechtigkeit ebenso neu wie anderen Leuten. Immerhin waren sie einmal die Kolonialherren der ganzen Welt. Dass man auf das Leben der Erde Rücksicht nehmen müsse, ist ebenso neu für uns Christen mit unserem naiven Glauben an die Technik.

Wollen wir nun mit unseren Stimmen etwas erreichen, so werden wir uns mit allen den Kräften auf unserer Erde zusammentun müssen, die von Frieden, von Gerechtigkeit, von Achtsamkeit etwas wissen. Denn für uns Christen sind diese drei Themen neu. Kein Zweifel, über gewaltlose Wege zum Frieden weiß der Buddhismus seit Jahrtausenden mehr, als wir Christen je gewusst haben. Der Taoismus auch. Der Hinduismus.

Wer weiß auf diesem Globus besser als wir, wie man achtsam mit dem Lebendigen der Erde umgeht? Wer weiß mehr über die Würde von Tieren? Mehr von Sorgfalt mit Ressourcen? Ich vermute, viele Völker aus den Wüsten Asiens, aus den Urwäldern Afrikas und mancher indianische Stamm im Wilden Westen wissen darüber mehr als alle christlichen Völker zusammen.

Und sie alle haben immer schon über Gerechtigkeit nachgedacht und ihr eine soziale Gestalt gegeben. Wenn wir nicht mit allen Völkern – vor allem mit allen Religionen dieser Erde – zusammen dieses Wissen in das öffentliche Gespräch einbringen, werden wir vergeblich unsere Stimmen erheben.

Es muss also eine Art Allianz zustande kommen. Und da sie vor allem unter den Religionen zustande kommen muss, die eine solche dreifache Weisheit gesammelt und bewahrt haben, so wird es eine Allianz zwischen uns Christen und den anderen Religionen dieser Erde sein.

Wir müssen also fragen: Was können wir, die Religionen dieser Erde, miteinander tun? Wir fragen erst viel später einmal: Wer hat die Wahrheit? Und wir antworten nicht nach alter Gewohnheit: Natürlich wir! Sondern: Wie kann es zwischen uns zu einem völlig neuen Vertrauen und zu einem neuen gemeinsamen Tun und Wirken kommen?

So kommt es also am Beginn des 21. Jahrhunderts zu einer vierten Aufgabenstellung, die ebenso völlig neu vor uns steht, zu einem Thema, das für uns Christen keinerlei Tradition hat: das Thema Bundesgenossenschaft mit allen Religionen der Erde. Nicht nur das eines gemeinsamen Lebens. Nicht nur eines gerechten Umgangs. Nicht nur eines Abschieds von einem auf Herrschaft hin angelegten christlichen Profil, nicht nur eines offenen Gesprächs, sondern das einer klaren Bundesgenossenschaft.

Es zeigt sich heute, dass der Mensch auf dieser Erde intelligent genug ist, seinen Planeten zu zerstören, aber zu dumm, um zu überleben. Es wird sich zeigen, ob die Religionen dieser selben Erde klug genug sind, um Wege zum Überleben zu zeigen. Vielleicht wissen sie Wege, die die Menschen sonst nicht mehr finden.

❀

Am dringlichsten ist eine Allianz mit dem Islam. Den Widerstand des Islam gegen die christliche Welt, den wir Terrorismus nennen, werden wir anders nicht überwinden. Und vielleicht denken wir hin und wieder daran, wie die drei monotheistischen Religionen in den Ursprüngen miteinander verwandt sind, wie es unsere kleine Kriminalgeschichte von Hagar und ihrem Sohn ausmalt. Dass es also Wege geben muss, zu einem gemeinsamen Tun und Verantworten, wenn ein wenig guter Wille im Spiel ist.

Auf jeden Fall werden wir, wenn wir den christlichen Glauben einem Menschen anderen Glaubens liebenswert machen wollen, anders auftreten müssen, als es bisher in der christlichen Geschichte üblich war. Es könnte im Gegensatz zu alldem durchaus geschehen, dass wir unserem Eigenen näherkämen, wenn wir über das Fremde begännen, anders zu denken, wenn es zum Beispiel wirklich Christus selbst wäre, der uns zu Menschen führte, die uns fremd sind.

Ein Christ wird, wenn das Kreuz von Golgatha für ihn noch irgendeinen wichtigen Sinn haben soll, niemals herrschend auftreten, niemals mit der Geste des Überlegenen, niemals auf jemanden herabblickend. Er kann immer nur dienend, arm, leidensbereit und geschwisterlich auftreten wie der Arme von Nazareth. Er kann immer nur zum Gespräch einladen, zum Austausch von Gedanken und Erfahrungen, und er wird, was er zu sagen hat, immer nur bezeugend und einfach, niemals laut und deklamatorisch vermitteln. Er kann, was ihm an fremder Glaubensüberzeugung begegnet, immer nur durch verstehende und hörende Liebe überwinden wollen. Freundschaft mit fremden Gedanken und Bekenntnis zur eigenen Überzeugung sind, so scheint mir, durchaus zu vereinbaren. Die Freiheit aber, die wir für unseren eigenen Glauben in Anspruch nehmen, wird ein Kind des Respekts sein, den wir dem anderen entgegenbringen.

Auf jeden Fall hat Hans Küng recht, wenn er sagt, es werde auf dieser Erde keinen Frieden geben ohne einen neuen Frieden zwischen den Religionen, denn lieben kann ich das Fremde auch in seiner Fremdheit. Und es ist ein Kernsatz unseres christlichen Glaubens, dass ich lieben muss, was ich verstehen will. Und dass es kein Verstehen gibt anders als auf dem Weg des Liebens.

❀

Ich möchte schließen mit einigen Worten, die von großen Menschen der islamischen Geschichte stammen. Über die Auferstehung sagt im 13. Jahrhundert Sadi: »Schau, die Winde des Frühlings sind wie der Atem Jesu. Der Staub soll wieder leben.«

Und im 14. Jahrhundert Rumi: »Wenn dich jemand fragt: Wie hat Jesus die Toten lebendig gemacht?, dann gib mir in seiner Gegenwart einen Kuss und sage: So!«

Oder ein Späterer: »Jesus, über dem Friede sei, hat gesagt: Die Welt ist eine Brücke. Geh über sie hinüber, aber lass dich nicht auf ihr nieder.«

Und noch einmal Rumi: »Wenn du Gottes Bild in einem Götzentempel siehst, so verehre ihn dort und lass den Rundgang um die Kaaba. Wenn die Kaaba nicht erhellt ist vom Duft der Gegenwart Gottes, dieser Duft aber ausgeht von einer Synagoge der Juden, so suche Gott in ihr.«

Es gibt durchaus eine Basis für vertrauensvolle Gespräche mit Moslems. Was wir dabei hinter uns lassen müssen, ist nur unsere immer schon hinausposaunte christliche Rechthaberei. Die Wahrheit Gottes reicht weiter als bis an die Grenzen unseres christlichen Glaubens.

Das Maß, das für uns gilt, ist kein anderes als die Menschengestalt des Mannes aus Nazareth. Seine Einfachheit, seine Wehrlosigkeit. Seine Weisheit. Sein Blick in die Zukunft. Sein Wille, für die Welt der Menschen zu wirken, und das auf eigene Gefahr. Wir sind Einzelne. Aber wir glauben, dass wir zusammengehören. Wir sind Christen. Aber wir sehen in Menschen aus anderen Religionen nicht unsere Feinde, sondern unsere Geschwister.

Und Jesus Christus, unser Herr, wird im Evangelium gelegentlich der »Vorausgänger« genannt. Das meint, er ist schon weiter vorn in der Zukunft als wir. Wir brauchen ihm nur zu folgen, um unseren Weg und Auftrag zu finden. Und er wird uns mit seinem Frieden geleiten.

4
Das Land, da Milch und Honig fließen

Katholikentag Freiburg 1978

Ich lade Sie ein, sich gut dreitausend Jahre zurückzuversetzen: Die Söhne Israels befinden sich auf ihrer berühmten vierzigjährigen Wanderung durch die Wüste Sinai. Hinter ihnen lag eine jahrhundertelange Knechtschaft an den Ziegelöfen der Ägypter. Hinter ihnen lag ein Aufstand gegen das Regime des Pharao, ein Durchbruch durch die Grenzsperren und die Befreiung, die Rettung vor der ägyptischen Streitmacht, als sie durch das Schilfmeer, eine der Salzlagunen zwischen Nildelta und Wüstensand, zogen.

Vor ihnen lag die Wüste. Der Sand und der Fels, das lebensfeindliche Gebirge der Halbinsel, die Hitze und die Trockenheit, der Hunger, der Durst und die Gefahr. Und vor ihnen lag, fern zwar und zunächst unerreichbar, das Land, in das sie wandern wollten, das Land im Norden, Kanaan – oder mit seinem heutigen Namen Palästina. Das hatte Mose ihnen vor Augen gestellt. Das sei ihr Ziel. Ein Land, in dem Milch und Honig fließen. Und das ist das Stichwort dieser Stunde: Die Hoffnung auf ein Land, auf eine Zukunft, in der Milch und Honig fließen. Die Hoffnung auf ein Paradies schon auf dieser Erde. Das Traumbild von einem gesicherten, erfüllten Leben.

❀

In einem Land, in dem es an Nahrung fehlt, wählt die Hoffnung gerne bestimmte Nahrungsmittel zum Gegenstand des sehnsüchtigen Traums. So träumen sie nach der Zukunft hin von einem Land, in dem Milch und Honig fließen. Und wenn diese Hoffnung nicht erreichbar scheint, träumen sie nach der Vergangenheit hin von jenem Land der Sklaverei, in dem sie an den Fleischtöpfen gesessen zu haben behaupten.

Sie schreien: Wann endlich erreichen wir dieses verheißene Land mit seiner Milch und seinem Honig? Oder sie schreien: Wären wir doch geblieben, wo wir waren! Da saßen wir bei den Fleischtöpfen und wurden satt. Was schert uns die Sklaverei, wenn wir dabei leben können? Zwei Träume sind es: der Traum von der herrlichen Zukunft und der Traum von der guten, alten Zeit, die ihre ausgehungerten Herzen und Gehirne träumen.

❀

Nun bin ich öfter im Sinai gewesen und bin die Wege abgefahren und abgegangen, die die Söhne Israels damals gewandert sind. Ich habe viele Menschen kennengelernt, die als Ziegenhirten oder Schafnomaden dort leben. Aber dabei wurde mir der Traum der Israeliten von einem Land, da Milch und Honig fließen, immer merkwürdiger.

Warum eigentlich träumen sie, wenn sie sich das verheißene Land vorstellen, von Milch und Honig? Milch und Honig, das ist ja gerade nicht die Nahrung des Bauern oder des Städters in Kanaan, das ist ja gerade die Nahrung des Nomaden, der die Milch seiner Schafe und Ziegen hat und dann vielleicht noch dann und wann wilden Honig, wie man ihn in der Steppe findet. Es gibt keine Äcker im Sinai und also kein Brot. Es gibt keine Weinberge und also keinen Wein. Milch und Honig gibt es, und davon immer zu wenig.

Wenn hingegen die Menschen im Kulturland ihr Land preisen, wie es viele Psalmen tun, dann preisen sie die Fruchtbarkeit der Erde, das Brot, das Öl, den Wein, die Früchte der Bäume. Das Leben im fruchtbaren Land hat seine Symbole seit Urzeiten in Brot und Wein. Als Abraham, der Schaf- und

Ziegennomade, nach Palästina kam, da bot ihm Melchisedek, der König von Jerusalem, Brot und Wein zum Zeichen, dass er als Gast und Beisasse im Kulturland willkommen sei. Nicht Milch und Honig, sondern Brot und Wein.

❀

Noch einmal meine Frage: Warum hoffen die wandernden Israeliten in der Wüste auf ein Land, da Milch und Honig fließen? Deshalb, weil wir alle uns die Zukunft notwendig immer nach den Bildern der Gegenwart formen.

Die Israeliten hoffen, dass sie endlich von dem, was sie jetzt brauchten, genug haben werden. Die Zukunft soll besser sein als die Gegenwart. Sie braucht sich nicht grundsätzlich zu unterscheiden, aber sie soll, was die Gegenwart zu wenig hat, im Überfluss haben.

Das ist ja nichts Ungewöhnliches. Das ist nicht der Fehler, der eben jenen Wanderern in der Wüste in ihren Hunger- und Durstfantasien unterläuft. Fast alles, was Menschen erhoffen, ist ein Spiegel ihres gegenwärtigen Mangels. Eine übergroße Spiegelung ihrer Wünsche, die ihnen der Augenblick nicht erfüllt. Die Hoffnung macht sich immer ihre Bilder, und sehr häufig sind es, trotz allen guten Glaubens, die falschen. Die falschen Bilder der Hoffnung sind daran kenntlich, dass sie an der Gegenwart abgenommen sind.

Wenn wir jetzt in einer gewissen Sicherheit leben, dann soll die Zukunft die absolute Sicherheit bieten, und alle Bemühung gilt der größeren Sicherheit.

Wenn es uns heute gut geht, soll es uns in Zukunft noch besser gehen, und alle Bemühung gilt dieser Hoffnung.

Wenn wir in dieser Welt das Glück nicht finden, dann gilt unsere Hoffnung einem Jenseits, in dem wir das Glück haben werden.

Wenn wir in dieser Welt in all unserer Rastlosigkeit keine Ruhe finden, dann gilt die Hoffnung einem Leben nach dem Tode, in dem wir ruhen werden.

Wenn wir in dieser Welt die meisten Bösen nicht bestrafen können, dann gilt unsere Hoffnung einem Gericht, das alle Bösen ohne Ausnahme endlich gründlich bestraft.

Wenn wir hier eine Kirche haben, die aufgebaut ist nach dem Bild einer wohlgeordneten Hierarchie, dann malen wir in die Gewölbe unserer Kirchen einen Himmel, in dem eine vollkommene Ordnung der Herrschaft gilt.

Immer werden wir an den Bildern dieser Welt, dieses Daseins, die Bilder der Hoffnung gewinnen, auf die hin wir leben und denken und glauben. Milch und Honig, die Nomadennahrung, ist es, von der der Nomade träumt, wenn er an das Kulturland denkt. Die Bilder, die wir erhoffen, zeigen Bekanntes, Vertrautes, Irdisches, aber nun getaucht in das Licht himmlischer Glorie, himmlischer Vollkommenheit, himmlischer Fülle.

❀

Nun geht die Geschichte weiter: Eines Tages führt ihr Weg sie näher an das verheißene Land, und sie senden eine Gruppe von Kundschaftern aus, die sich das Land ansehen sollen. Sie kennen die Geschichte: die Geschichte von Josua und Kaleb. Die Leute finden ein großartiges, fruchtbares Land und bringen von seinen Früchten mit, vor allem eine gewaltig große Traube, die sie an einem Stecken zu zweit tragen. Als sie nun erzählen, wie es im Land wirklich aussehe, dass es zwar ein reiches und schönes, aber ein von fremden Menschen bewohntes Land ist, und die Traube vorzeigen, da schreien die Wüstenwanderer vor Entsetzen auf. Wie stark müssen seine Bewohner sein! Wie aussichtslos muss es sein, dorthin gelangen zu wollen! Sie prallen zurück vor dieser herrlichen, gefährlichen Zukunft und sammeln sich um die alte Erinnerung an das Traumland der Vergangenheit: Ägypten mit seinen Fleischtöpfen. Und wenn sie nicht mehr nach Ägypten gelangen können, dann wollen sie doch lieber in der Wüste bei der sparsamen Nahrung bleiben, die ihnen wenigstens sicher ist: bei ein wenig Milch und ein wenig Honig, und weiter von dem Land träumen, in dem diese gewohnte Speise fließt.

Übersetzen wir diesen Vorgang in Ihre und meine Lebensgeschichte, wie ein heutiger Psychologe sie schildern würde. Dann hieße dies: Sie kehren in ihre kindlichen Träume zurück. Sie suchen die frühere, die kindliche Phase auf und sperren sich gegen die Zumutung, ein erwachsener Mensch zu werden. Milch und Honig, früher einmal ein sinnvolles Bild einer erhofften Zukunft, auf die sie zugingen, werden zu Bildern eines infantilen Wunschtraums. Was sollte es für ein Kind, das Geborgenheit sucht, für eine überzeugendere Erfahrung von Glück geben als die, dass es ihm warm und süß in den Mund fließt? Und so, nach der Weigerung, es mit der Zukunft aufzunehmen, wird das bisher sinnvolle Bild der Hoffnung zum Zeichen der Regression in eine kindliche Lutschphase. Aber das taten nicht nur die Wüstenwanderer zu Zeiten von Mose oder von Josua und Kaleb.

Wenn wir heute unsere Zukunft bedenken, ist es nützlich zu prüfen, an welcher Stelle dieser biblischen Geschichte wir vorkommen. Vor unseren Augen steht die Gefahr, dass die Energievorräte unserer Erde eines Tages zur Neige gehen. Wir haben so viel schon aufgezehrt, dass die Gefahr besteht, die Erde werde eines Tages ausgeplündert sein. Wir wissen, dass wir so nicht fortfahren können wie wir leben und denken. Wären wir erwachsene Menschen, so fassten wir diese unsere Zukunft ins Auge und überlegten uns, wie wir unser Leben anders gestalten könnten als so, dass wir verbrauchen und verbrauchen. Wir suchten Alternativen zur großen Verbrauchergesinnung und Verbraucherhaltung der heutigen Menschheit. Da wir aber kindisch geblieben sind, erfinden wir stattdessen immer neue Techniken, die uns Wärme, Wohlergehen und Wohlbefinden verschaffen. Verbrauchen wir heute viel Energie, wollen wir morgen mehr verbrauchen. Ist die Natur uns heute schuldig, dafür zu sorgen, dass es uns wohlgeht, so wird sie morgen noch mehr hergeben müssen. Milch und Honig für den kindisch gebliebenen Menschen.

Dass die Zukunft vielleicht etwas ganz anderes von uns verlangt als die Sicherung des Verbrauchs, das passt nicht in unsere Köpfe. Wenn heute einer aufsteht und von alternativen Lebensformen spricht, dann wird er totgeredet, totgeschwiegen oder totgelacht. Der Hass, der gegen Mose hochschlug, schlägt heute jedem Menschen entgegen, der die Zukunft nicht vernebelt. Die ganze Folge der etwa zwanzig Stellen, an denen das Wort von Milch und Honig in der Bibel vorkommt, ist begleitet vom unaufhörlichen Widerstand und Widerspruch derer, die eigentlich den Weg in die Zukunft antreten müssten.

Sie murrten wider Gott, heißt es. Sie murrten wider Mose. Und weil ein Kind, das erwartet, dass ihm Milch und Honig in den Mund fließen, nur zufrieden ist, wenn der warme, süße Fluss nicht endet, so sind sie zum Weitergehen auf ihrem Weg nur bereit, wenn das Bild der Hoffnung keine Zumutungen stellt, wenn es das Bild der Hoffnung ist, nach dem das Kind sich sehnt: Milch und Honig.

❀

Es muss uns zu denken geben, dass es bei Jesus nicht eine einzige Stelle gibt, an der er von Milch und Honig als der Nahrung im Gottesreich spricht. Jesus spricht, wenn er von den Bildern der Zukunft redet, von Brot und Wein.

Worin besteht grundsätzlich der Unterschied zwischen der Bildvorstellung von Milch und Honig einerseits, von Brot und Wein andererseits? Lassen Sie mich mit diesen Bildern einen Augenblick ein wenig spielen.

Milch und Honig sind reine Naturprodukte. Sie entstehen nicht durch die Arbeit und die Erfindungskraft des Menschen. Er nimmt sie vielmehr fertig aus seiner Umwelt. Die Natur reicht sie ihm fertig dar. Und besteht seine Hoffnung in Milch und Honig und bietet ihm die Natur davon genügend an, so ist er im Paradies.

Brot und Wein hingegen entstehen erst, wo der Mensch in die Natur eingreift. Wo er seine Arbeit einbringt, wo er seine Mühe und seine Erfindungskraft beisteuert. Brot und Wein tragen die Spur der Bemühung und des Schicksals des Menschen.

Und es ist wichtig, dass wir das sehen: Jesus wählt für die Hoffnung auf die Gemeinschaft des Menschen mit Gott Bilder, die nicht der einfachen Natur entnommen sind, sondern die die ganze Geschichte des Menschen, diese Geschichte von Schweiß, Blut und Tränen mit sich führen. Er sagt: Das Weizenkorn muss bereit sein zu sterben, wenn es fruchtbar werden will. Was nicht in die Erde fällt und zugrunde geht, kann nicht fruchtbar sein. Im Brot liegt ein Gleichnis für die Wandlung des Menschen, für sein Wachstum und für die Ernte, die in einem Menschenleben heranreifen soll. Da geht es um ein Hinwerfen, um ein Verlieren, um ein Fallen ins dunkle Erdreich; da geht es um das Sterben des Korns, um das Neuerwachen eines Keims, um Wachstum unter Sonne, Wind und Regen. Da wird geschnitten und gedroschen, gemahlen und gebacken – und so entsteht schließlich die Nahrung, von der Menschen leben können. Auch Wein entsteht nur, wo gebrochen und gekeltert wird und schließlich der Saft zum Wein heranreift.

Und Christus sagt: Ich bin das Weizenkorn. So, wie aus dem Weizenkorn Brot wird, so lebt ihr durch mich. So leben andere Menschen durch euch. So lebt die Welt durch die Kirche. Wenn eine Kirche nicht bereit ist, ihre gegenwärtige Gestalt zuzeiten aufzugeben, wird sie nicht zu dem Brot werden, von dem die Menschen leben.

❀

Noch einmal: Milch und Honig, das sind Naturprodukte, die der Mensch verbraucht wie ein Kind. Brot und Wein sind Nahrungsmittel, die durch Arbeit, Mühe, Hingabe und Opfer erwachsener Menschen entstehen, die sein Schicksal und seine Geschichte in sich tragen.

Das bedeutet etwas für die Hoffnung der Christen auf das Reich Gottes. Alle Zukunftsbilder vom Reich Gottes, die es als ein großes Verbraucherparadies schildern, sind Ausdruck einer kindischen Erwartung. Das Paradies, als wunderbarer Garten vorgestellt, ist ein schönes, ein fröhliches Gleichnis, das dem Glauben dann und wann zu Hilfe kommen mag, aber es enthält nichts von der Ernsthaftigkeit, in der Jesus vom Reich spricht.

Sie kennen die unzähligen Stimmen, die immer wieder ratlos oder vorwurfsvoll fragen, wozu denn der Mensch diesen mühseligen Weg auf dieser Erde gehen solle, wenn Gott ihm doch das Paradies zugedacht habe. Wozu denn dieses schreckliche Zwischenspiel auf dieser Erde nötig sei, mit seinem Jammer und Elend, seiner Härte und Unbarmherzigkeit. Wozu dieses Leiden und Entbehren, wozu diese Kriege und Hungersnöte, diese Erdbeben und Flutkatastrophen? Es gibt in der Tat keine Antwort auf solche Fragen, solange der Mensch dieses Dasein mit dem Blick auf ein kindlich ausgemaltes Paradies durchlebt.

Erwarte ich das Paradies, dann erwarte ich meine himmlische Versorgung, und dann schränkt sich mein Problem ein auf die Frage, ob ich ganz sicher Zugang haben werde zur Fülle dieses Gartens. Das Elend auf dieser Erde fordert mich nicht heraus, es gewinnt vielmehr den Sinn, mich zu erziehen, und das ganze Dasein wird zu einer Schule, in der Gottes Pädagogik mich formt, aber es hat nicht den Sinn, den Jesus sieht, denn davon redet er nicht. Jesus wendet unseren Blick in eine ganz andere Richtung. Er sagt: »Lass die Sorge um dich selbst, fass das Reich ins Auge! Fasse das ins Auge, was du für das Reich Gottes tun kannst und für seine Gerechtigkeit, dann wird sich dein persönliches Schicksal ganz von selbst zu einem guten Ende kehren! Kümmere dich weder um dein hiesiges noch um dein ewiges Wohlergehen, weder um deinen hiesigen noch um deinen dortigen Zustand. Sieh zu, dass unter deinen Händen etwas Gerechtes geschieht. Alles andere überlasse Gott.«

Hoffnung entsteht nicht dort, wo ein Mensch sich ins Paradies verliebt, sondern dort, wo er hinter Jesus Christus her konkrete Schritte der Nachfolge geht, der Nachfolge in das Schicksal des Brots hinein.

❀

Hoffnung lebt nicht von der Gegenwart oder ihrer Verlängerung, sondern von dem ganz anderen, an dem die Gegenwart endet. Hoffnung lebt nicht von der Sicherung des Bestehenden, sondern von den Alternativen zu ihm. Vielleicht greift darum die Angst um sich in diesem unserem gesicherten, reichen Land, in dem mehr Milch und Honig fließen als in irgendeinem anderen Land der Welt oder irgendeinem Land der Vergangenheit:

Wenn die technische Welt von heute an ihren Problemen zu scheitern droht, dann setzen wir unsere Hoffnung auf die Supertechnik von morgen, statt auf Alternativen zu ihr. Es könnte doch sein, dass Hoffnung nur noch dort entstünde, wo wir bereit sind, auf dem Weg der gegenwärtigen und zukünftigen Technologie umzukehren?

Aber gerade, dass man von einer Alternative spricht, macht ja Angst. Die Kundschafter, die sozusagen aus der Zukunft kommen, freuen uns nicht. Sollen wir verzichten, damit für unsere Enkel eine Welt übrig bleibt, in der sie leben können? Sollen wir weniger Auto fahren? Solche Vorschläge erinnern an Kriegsmaßnahmen. Nein, sagen die Leute zu Josua: Das ist uns zu gefährlich mit deinem Land, in dem es so schön sein soll.

Dass in einem alternativen Lebensstil mehr Leben sein könnte, mehr Gemeinschaft unter den Menschen und mehr Heimat des Menschen in seiner Welt, das ist für viele schwer zu erkennen. Indem wir aber unseren Lebensstandard festhalten wollen, sind wir bereits zurückgefallen in die ägyptische Sklaverei. Denn alle Angst ist Unfreiheit.

Christliche Hoffnung jedenfalls ist gebunden an die Bereitschaft, die Alternative zu wollen oder die Umkehr. Denn sie erwartet das Heil der Welt im Augenblick der Gefahr nicht von der Fortsetzung des Gewesenen, sondern von dem Gott, der aus der Zukunft entgegenkommt. Sie erwartet das Heil nicht vom Weitermachen, sondern vom umkehrenden Denken, vom umkehrenden Glauben und Handeln.

❀

Lassen Sie mich die ganze Speisekarte noch einmal hernehmen:

Da haben wir die Fleischtöpfe.
Da haben wir Milch und Honig.
Da haben wir Brot und Wein.

Da haben wir in der Kirche die Leute, die sagen: Es muss doch möglich sein, aus dieser Kirche eine bewegliche, aktive Kraft zu machen, die die Probleme dieser Zeit auf eine moderne Weise löst. Eine Kirche, in der es frei und human zugeht, in Gerechtigkeit und Frieden. Eine herrliche, eine vollkommene Kirche, von Menschen erreicht und bewirkt, eine Zukunft, in Milch und Honig getaucht.

Und da haben wir in der Kirche jene Leute, die sagen: Das wird ja doch alles nichts. Schluss mit der Träumerei. Früher wusste man, was man hatte. Früher war die Kirche eine Autorität. Früher konnten die Menschen sich an ihr festhalten. Nichts ist heute so wichtig wie das, dass wir alle wissen, worauf wir uns eigentlich verlassen wollen. Und was ihnen vor der Seele steht, das sind die soliden Fleischtöpfe Ägyptens.

Und da bleibt zwischen rechts und links oder unabhängig von solchen parlamentarischen Ortsbestimmungen der eigentliche Christusweg. Der Weg derer, die an eine Verwandlung der Welt, der Kirche und der Menschen glauben, aber eine Verwandlung, die von der Zukunft ausgeht, von der verändernden Kraft Gottes. Und ihre Speise ist Brot und Wein. Ihr Weg ist der des Schicksals von Brot und Wein. Und hier entsteht Hoffnung, denn es ist der Weg Christi, also dessen, der das Reich ist.

❀

Aber wenn wir vom Christusweg sprechen, dann muss uns ganz deutlich sein, wie wir auf einen solchen Weg gelangen, denn das ist kein Weg, der den Helden vorbehalten ist – Leuten mit der größeren Kraft, dem Kampfgeist, den begeisterten Herzen. Wenn der christliche Glaube so ausgelegt wird, dass er sich nur noch für die Leistungsfähigen, die Tüchtigen, die Intelligenten eignet, dann ist an der Auslegung etwas falsch. Und es konnte in der Tat in den letzten Jahren immer wieder so aussehen, als seien Christen nur die, die fähig seien, die Welt zu verändern, also nicht die Älteren, nicht die Leidenden, nicht die Menschen mit der kleinen Kraft.

Wer den Weg Jesu gehen will, braucht sich seinen Weg nicht erst mit dem Buschmesser in das Dickicht zu schlagen. Der Weg liegt offen da.

Wenn er diesen Weg gehen will, braucht er ihn nicht allein zu gehen. Er geht ihn unter dem Schutz Gottes, in der Begleitung seines Bruders Jesus und in der Kraft des Geistes.

Ehe die Israeliten den ersten Schritt in die Wüste taten, wurde ihnen gesagt: Gott wird bei euch sein. Gott wird euch geleiten. Das Land ist da. Die Kräfte sind da. Der Weg ist da. Die Nahrung und das Wasser für die Hungrigen und Durstigen sind da. Und nun geht.

Wenn Jesus Christus uns Zumutungen stellt, beginnt er nicht mit den Zumutungen. Er nimmt uns erst einmal die Last ab. Er lässt uns erst einmal aufatmen. Er gibt uns erst einmal Freiheit. Dass er das tut, nennen wir das Evangelium, die gute, freundliche Botschaft.

Jesus gibt den Kranken, Beschädigten, Versehrten erst einmal ihre Unversehrtheit zurück. Er prüft die Menschen nicht an ihrer Leistung, sondern bejaht sie zuvor. Er nimmt sie erst einmal ernst. Er schickt sie nicht in den Kampf, sondern schafft zuerst einmal Frieden in ihnen. Er beendet erst einmal den Streit, den sie in sich selbst durchfechten, und entlässt sie in den Frieden. Er segnet sie erst einmal und zeigt ihnen mit dem Segen, der von Gott kommt, den Sinn ihres Weges. Er verstellt ihnen nicht mit unerfüllbaren Forderungen die Zukunft, sondern gibt ihnen erst einmal die Hoffnung, dass das Reich ohne ihr Zutun kommt, ohne ihre Bemühung, dass sie aber in dieses Reich von Anfang an einbezogen sind.

Und erst, wenn das alles klar ist, wenn dieses Evangelium aus dem Munde Jesu ganz deutlich ausgesprochen ist und in die Herzen eingedrungen, folgen die Anweisungen. Nun geh hin und sündige nicht mehr. Nun geh hin und tue, was um der Gerechtigkeit und um des Reiches willen zu tun ist, um Gottes und der Menschen willen. Nimm diese neue Kraft, diesen neuen Frieden, diese neue Gewissheit, diese Hoffnung und trachte nach dem Reich und seiner Gerechtigkeit. Wirke mit aller Entschiedenheit. Wirke mit allen Kräften. Tu es aber in aller Gelassenheit, als ein zuversichtlicher Mensch, dessen Furcht von ihm genommen ist. Geh in Frieden.

❀

Am Anfang steht nicht eine riesige Aufgabe. Am Anfang steht immer die Begegnung mit Jesus Christus. Am Anfang steht nicht unsere Bemühung, mit harter Arbeit und hartem Nachdenken der Zukunft ein wenig Hoffnung abzuringen; am Anfang steht Jesus Christus. Und der kommt uns gerade aus dieser Zukunft entgegen. Er redet uns an, und wir haben nur unsere Antwort zu geben.

An dieser Reihenfolge liegt nicht nur viel, an ihr liegt alles. An dieser Reihenfolge liegt es, ob in unser Nachdenken so etwas wie Hoffnung einziehen kann. Ob wir uns das Denken erlauben können, weil unsere Hoffnung der Zukunft standhält. Ob wir hoffen können und dabei von aller Weltflucht frei bleiben und stattdessen bereit sind, das Unsere auf dieser Erde zu tun. Ob wir der Gefahr ins Auge sehen können und unsere Hoffnung dennoch festhalten. Oder ob wir, wie viele gutwillige Leute in der Kirche und in der Gesellschaft, in unserer Enttäuschung, in unserer Resignation, in unserer Anpassung oder in unserem ohnmächtigen Widerspruch untergehen. Ob uns also unsere Aufgaben über den Kopf wachsen oder nicht. Die Kämpfe, die Schicksale, die wir erleiden, und am Ende die Angst vor Leiden und Tod. Ob wir in der Angst untergehen müssen oder sie durchschreiten können.

Wer noch von dem kargen Leben in seiner Wüste mit seinem geringen Milch- und Honigvorrat aus sich eine goldene Zukunft ausmalt, in der ihm, was er braucht, in den Mund fließt, wird immer hin- und hergeschüttelt sein zwischen Hoffnung und Verzweiflung, zwischen seinen guten Vorsätzen und seinen Vorwürfen gegen Gott. Unser Weg ist nicht der Weg träumender Kinder ins Schlaraffenland, sondern der Weg wacher Menschen in der Nachfolge Jesu ins Reich. Und für den Menschen, der Jesus nachfolgt, rücken – ich sagte es schon – an die Stelle von Milch und Honig Brot und Wein als Symbole seines Weges und Ziels. Das Brot als das Symbol des Weges. Der Wein als Symbol des Ziels.

❀

Fassen wir es noch einmal mit den Worten der heutigen Psychologie. Zwischen diesen beiden Zukunftsbildern, Milch und Honig – Brot und Wein, liegt ein Prozess des Wachstums, ein Prozess der Reifung, ein Prozess der Wandlung. Der Hoffende soll, das meint der Wechsel der Bilder, erwachsen werden. Er soll seine kindlichen Erwartungen hinter sich lassen.

Der kindliche Mensch sieht die Welt als eine große Versorgungseinrichtung an, die ihn wie eine große Mutter unbegrenzt warm zu bergen hat, unbegrenzt zu ernähren und zu tränken, unbegrenzt glücklich zu machen. Fast alles, was wir Heutigen uns von unserer Zukunft erhoffen, ist in diesem Sinn kindlich. Und ein Teil des Fehlverhaltens, das wir an der heutigen Menschheit ihrer Welt gegenüber beobachten, ist denn auch Ausdruck einer einzigen, weltweiten Versorgungsneurose, die so weit reicht wie unsere Zivilisation.

Diesen Vorgang des Wachsens und Reifens zu den wirklichen Bildern der Hoffnung schildert Paulus so:

Es geht darum, erwachsen zu werden. Erwachsen aber wird ein Mensch nicht so, dass er einfach an Jahren älter wird. Es gibt genug Menschen, die bis zu ihrem sanften Ableben Kindsköpfe bleiben. Erwachsen werden wir so, dass etwas Neues in uns entsteht und reift. Etwas, das nicht wir selbst sind, das aber mit uns zusammen wächst und uns von innen her eine neue Fülle gibt, einen neuen Reichtum, eine Ganzheit, die größer ist als wir selbst. Eine Weite, die uns einbezieht in das Ganze des Daseins.

Christus muss wie ein Weizenkorn in dich hineinfallen, sagt Paulus, und muss in dir wachsen und Gestalt annehmen, muss dich durchdringen und erfüllen, und so musst du, der glaubende, der hoffende Mensch, reifen bis zu jener erwachsenen Menschlichkeit, die du an Jesus Christus ablesen kannst. »Bis zum Maße des vollkommenen Alters Christi«, sagt Paulus mit etwas verschlüsselter Rede.

Wer dann die Zukunft wirklich ins Auge fassen will, der lebt das aus, was in ihm selbst geschehen ist: das Bild vom Weizenkorn und vom Brot. Er übernimmt das Schicksal des Brots selbst. Er geht den Weg der Hingabe. Er lässt sich, wenn es ihm beschieden ist, aussäen. Er verlässt sich auf das geheimnisvolle Gesetz des Neuwerdens und Wachsens. Und er lässt sich am Ende schneiden und dreschen, mahlen und backen, mit anderen zusammen, zu dem Brot, von dem die

Menschen leben können. Und anders als durch diese Bereitschaft hindurch ist Hoffnung auf den Himmel immer eine kindliche Sache gewesen und wird es immer sein.

❀

Aber da tritt nun das zweite Bild der Hoffnung vor unsere Augen: Da sagt Jesus Christus ja nicht nur: Ich bin das Brot. Er sagt auch: Ich bin der Weinstock. Und was entstehen soll dadurch, dass ihr als Zweige, als Reben an mir bleibt, das ist der »Wein«.

Nehmt hin und trinkt, sagt Jesus den Seinen, das ist mein Blut, das für euch gegeben wird zu einer Erlösung für viele. Und dieser Wein des Opfers, das ich bringe, ist zugleich der Wein des Fests, hier in dieser Welt und für die Zukunft im Reich des Vaters.

Das Brot, das durch den Tod hindurch gewonnen wird, ist die Nahrung, von der die Menschen in dieser Welt leben, zugleich Frucht der Gerechtigkeit, Frucht für das Reich. Zeichen für das, was bleibt über den Wandel der Geschichte, über ihre Katastrophen und über ihr Ende hinaus.

Der Wein, der durch den Tod der Traube gewonnen wird, ist der Trank, der die Menschen in dieser Welt erfüllt und fröhlich macht, Geist und Lebensfreude verleiht, und zugleich das Symbol des ewigen Festes, das wir das Reich Gottes nennen.

So wird die Weltgeschichte zum Nachvollzug der Geschichte Jesu Christi. So geht das Sakrament des Todes und des Lebens in die Gegenwart und Zukunft der Menschheit ein und schafft Hoffnung, wo Hoffnung sonst auf keine Weise zu gewinnen wäre.

❀

Ich darf Ihnen diese drei Schichten von Bildern der Hoffnung zum Schluss noch einmal zeigen:

Da ist die Hoffnung der verlassenen Kinder in der Wüste, die von ein wenig Milch und ein wenig Honig armselig leben und für die Zukunft die Fülle wünschen: das Land, da Milch und Honig fließen. Das Land der Versorgung und des Glücks.

Da ist zum Zweiten die Hoffnung der Enttäuschten, die Milch und Honig nicht finden und nun zurückkehren möchten in die Vergangenheit. In die gute alte Zeit. In die gute alte Kirche. Und das Bild ihrer Hoffnung ist das von den traumhaft duftenden Fleischkesseln, vor denen man im Land der Vergangenheit angeblich gesessen hatte.

Da ist zum Dritten die Hoffnung der Glaubenden, die das Neue und Unbekannte annehmen, die den Weg suchen mit Christus, dem die Zukunft auch einer gefährlichen und gefährdeten Welt gehört. Und das Bild der Hoffnung ist das vom Brot und vom Wein.

Die Sicherung der Gegenwart und ihre Überhöhung, das ist die erste Hoffnung.

Die Wiederherstellung der Vergangenheit, das ist die zweite.

Der vertrauende Weg in eine ganz andere und fremde Zukunft, das ist die dritte.

Die dritte Hoffnung ist die von uns Christen, wenn wir verstanden haben, wen wir meinen, wenn wir Jesus Christus sagen. Und diese Hoffnung geht davon aus, dass die Welt die Welt Gottes bleibt trotz des Menschen. Dass wir Menschen die Söhne und Töchter Gottes bleiben trotz alles dessen, was durch uns geschieht. Dass diese Welt eine Vollendung und Erneuerung vor sich hat, die wir das Reich nennen. Dass Gott in dieser Welt bleibt und die Welt in Gott. Dass Gott in uns bleibt und wir in Gott. Dass Jesus Christus uns voraus ist und wir in seinen Spuren einen Weg finden können, auf dem die höchste und letzte Hoffnung des Glaubens sich erfüllen wird.

❀

Und das wünsche ich mir: eine Kirche, gleich welcher Konfession, die den Mut hat, die Fleischtöpfe ihrer Geschichte hinter sich zu lassen, auf die Wunschträume zu verzichten, die aus ihrer gegenwärtigen Armut hervorgehen, und sich einer Zukunft anzuvertrauen, in der Christus sie führen wird, in der der Geist Gottes ihr das Wort zuspricht, von dem sie lebt, in der Gott, der Vater und der Herr, sie vollenden wird zu der Gestalt, die er allein ihr zugedacht hat.

Das Bild der Hoffnung, das der Kirche gegeben ist, ist das Geheimnis der Eucharistie. Das Geheimnis des gegenwärtigen Christus in den Gestalten von Brot und Wein. Und anders als in den Bildern der Hingabe wird es für die Kirche, solange die Welt steht, keine Bilder der Hoffnung geben.

In dieser Gemeinschaft der Hoffenden, deren Zukunft Christus ist, lassen Sie uns auf dieser Erde zusammengehören, zusammen wandern, zusammen hören und schauen, was uns entgegenkommt, als die Begnadeten. Als die Hoffenden. Als die Menschen, die eine Zukunft, Gottes Zukunft, haben.

5
Der barmherzige Samariter
Bremen 2009

Ein Gesetzeslehrer erhob sich in der Versammlung und wollte Jesus herausfordern. Er fragte: »Meister, mit was für einer Art von Tun bekomme ich Anteil am unvergänglichen Leben?« Jesus erwiderte: »Was steht denn im Gesetz? Was gibt es da zu lesen?« Der die Frage gestellt hatte, sagte: »Dort steht: Du sollst Gott, deinen Herrn, lieben von ganzem Herzen und mit deinem ganzen Leben, mit deiner ganzen Kraft und all deinem Denken und deinen Nächsten wie dich selbst.« Jesus bestätigte: »Das ist richtig. Tu das, so wirst du leben.« Er aber wollte noch einmal feststellen, dass seine Frage ihr Recht gehabt habe, und fragte weiter: »Wer ist denn nun mein Nächster?« Diese Frage nahm Jesus auf und erzählte eine Geschichte:
»Ein Mann ging von Jerusalem hinunter nach Jericho und fiel unterwegs Straßenräubern in die Hände. Die plünderten ihn aus, schlugen ihn, machten sich davon und ließen ihn halb tot liegen. Zufällig ging ein Priester denselben Weg, sah ihn und ging auf der anderen Seite der Straße vorbei. Nach ihm kam ein Tempeldiener an die Stelle, sah ihn liegen und ging vorbei.
Danach kam ein dritter Reisender, ein Mann aus Samaria, also einer, der von den Juden als nicht rechtgläubig angesehen wurde, sah ihn liegen und ging zu ihm. Er verband ihm seine Wunden und goss Öl und Wein darauf. Dann hob er ihn auf seinen Esel, brachte ihn in ein Wirtshaus und versorgte ihn dort. Am folgenden Tag zog er zwei Silberstücke heraus, gab sie dem Wirt und sagte: ›Pflege ihn. Und wenn er dich mehr kostet, will ich es dir bezahlen, wenn ich wiederkomme.‹
Was meinst du, wer von den dreien an der Straße für den zu einem Nächsten geworden ist, der unter die Räuber gefallen war?« Der Gesetzeslehrer verstand, dass Jesus seine Frage um-

gedreht hatte, und antwortete: »Der, der ihm durch sein Tun Barmherzigkeit erwiesen hat.« Da schloss Jesus das Gespräch: »Dann geh und tu, was dem in deinem Leben entspricht.« (Lukas 10,25–37)

❀

Die Gegend, in der das Gleichnis spielt, kenne ich ziemlich genau. Ich bin den Weg von Jerusalem nach Jericho oft hinuntergegangen. Er führt 27 Kilometer durch die judäische Wüste. Parallel zu der Straße, die zur Zeit Jesu schon ebenso verlief, zieht sich eine tiefe Schlucht, zerklüftet und streckenweise schwer begehbar. In ihren Felswänden eine Menge Höhlen, das Wadi Kilt. Von der Höhe von Jerusalem hinunter an das Tote Meer. Das ist ein Höhenunterschied von 1000 Metern. Zu Jesu Zeit war diese Schlucht eine Zuflucht für Aufständische gegen die Römer, aber auch für Terroristen, auch für gesuchte Verbrecher, auch für armselige Menschen, die keine andere Möglichkeit hatten, am Leben zu bleiben als die, die Wanderer auf der nahen Straße auszunehmen.

Dieser Sachverhalt war gewiss allen bekannt, die da Jesus bei seinem Gespräch gegenübersaßen. Und auch wir müssen keine langen Wege gehen, um diese Geschichte zu verstehen. Es ist alles klar. Und eigentlich gibt es daran gar nicht viel auszulegen: Einer geht eine Straße entlang. Plötzlich kommen einige Männer angerannt, die hinter einem Felsen gewartet hatten, Messer in der Hand, und wollen Geld oder Leben. Sie schlagen ihn zusammen. Fassen in Säcke, was sich mitzunehmen lohnt, und lassen den Ausgeraubten liegen. Dann kommen zwei vorbei, ein Priester und ein Diener vom Tempel in Jerusalem. Als sie ihn sehen, zucken sie zusammen und sehen zu, dass sie möglichst schnell an dieser gefährlichen Stelle vorbeikommen. Vielleicht sagte der Priester: Ich darf doch mein schönes Priestergewand nicht mit Blut verschmieren. Vielleicht sagt der Diener: Ich habe einen Auftrag, ich darf mich nicht aufhalten. Vielleicht waren die beiden auch in ihre frommen Gedanken so versunken, dass ihnen die Situation gar nicht recht deutlich wurde. Vielleicht war es auch einfach das natürliche Abstandsbedürfnis gegen alles, was nach Tod aussah. Das kennen wir alle.

Vielleicht dachten sie auch: Das ist nicht unsere Aufgabe. Dafür ist der Staat zuständig. Der soll endlich etwas gegen das Räuberunwesen an der Straße nach Jericho tun und die Straße besser überwachen. So, wie wir heute gerne sagen: Warum hat der Staat noch nie etwas gegen unsere Art Räuber in ihren Finanzhöhlen unternommen?

Danach also kommt der Dritte vorbei, kein Jude, kein Einheimischer, ein »Zugereister«, ein Außenseiter der damaligen jüdischen Gesellschaft. Die Samariter waren ja ein Volk, das 700 Jahre früher, nach dem Krieg, in dem das Nordreich Israel von den Assyrern vernichtet worden war, aus irgendeiner Weltgegend des Vorderen Orients hierhergetrieben wurde und sich zwischen Galiläa und Jerusalem, im heutigen Gebiet der Palästinenser angesiedelt hatte. Sie waren durch alle diese Jahrhunderte den Juden fremd und verhasst geblieben.

Dieser Samariter oder Samaritaner sieht den Verletzten liegen, hält an, steigt von seinem Tier, beugt sich zu ihm hinab, reinigt seine Wunden mit ein wenig Wein (damit desinfizierte man damals Wunden) und salbt sie mit Öl (damit verhinderte man damals Schwellungen). Er wuchtet ihn auf seinen Esel und führt ihn hinab nach Jericho. Als er in eine Herberge kommt, versorgt er ihn dort. Am anderen Morgen geht er weiter. Er gibt dem Wirt zwei Silberstücke, das sind nach unserer Rechnung vielleicht 50 Euro, zwei Tagesverdienste eines Arbeiters jedenfalls, mit der Bitte, er möge ihn pflegen. Am Ende verspricht er dem Wirt, er werde ihm ersetzen, was er an weiteren Kosten habe.

❀

Als Jesus ans Ende seiner Geschichte kommt, dreht er die Frage des Gesetzeslehrers um. Der hatte gefragt: Wer ist mein Nächster, den ich lieben soll? Wen muss ich mir aussuchen unter denen, die meine Hilfe brauchen? Er dreht die Frage um und macht daraus: Für wen bin ich der Nächste? Wenn man so fragt, dann kann man nicht mehr wählen. Dann ist man betroffen. Dann muss man handeln. Der Samariter also konnte nicht sagen: »Ich helfe sonst gerne, aber hier habe ich keine Zeit.« Er ist selbst für den Verletzten, der da liegt, der Nächste und kann aus dieser Rolle nicht mehr heraus: Diese Umkehrung, wem ich der Nächste bin, macht das Liebesgebot unausweichlich. Ich bin der, der von seinem Esel abzusteigen hat und zugreifen muss.

So weit ist unsere Geschichte klar. Sie hat keine großen Geheimnisse. Man kann natürlich von ihr aus weiterdenken und sagen: Dem Verletzten zu helfen, ist christliches Ethos. Aber es ist auch eine christliche Forderung an eine Gesellschaft: das Problem, dass es da Räuber gibt, umfassend genug zu lösen. Was tut man denn nun mit denen in den Höhlenlöchern, mit den Schurken, den Verbrechern, den Terroristen, aber auch mit denen, die ein übermächtiges Schicksal hierher verschlagen hat? Mit den psychisch Leidenden unter ihnen? Was tut man, um ihnen in ein erträgliches Leben zu helfen? Es ist ja sicher nicht im Sinn Jesu, sie einfach alle umzubringen oder lebenslänglich in den Knast zu sperren. Wem von denen sind wir zu einem Nächsten geworden, von dem er sich Hilfe erhofft? Wer gibt ihnen ihre Menschenwürde zurück? Ihr Lebensrecht? Könnten wir nicht auch von den Eseln, die in unserem moralischen Selbstbewusstsein bestehen, absteigen und versuchen, ihnen mit Verstehen und sozialen Maßnahmen in ein neues Leben zu helfen? Im heutigen Strafvollzug ist von diesem Herabsteigen und Zugreifen schon sehr viel erreicht.

Wenn ich aber dem nachgehen soll, was Jesus uns mit dieser Geschichte sagt, muss ich einige Umwege gehen, ehe ich am Ende wieder bei meiner Geschichte ankomme. Schauen wir also dieser Geschichte eine Weile lang aus der Ferne zu. Sie wird uns danach überraschend nahe kommen.

❀

Eine erste Feststellung: Wir fragen uns heute im Angesicht der Weltlage oder der Probleme in unserem eigenen Land: Was ist die richtige Ethik, die für uns zu gelten hat? Die hilfreiche, die zum Leben hilft. Wir fragen mit dem Schriftgelehrten: Was müssen wir tun, damit wir leben können? An dieser Frage kommt heute kein verantwortlich denkender Mensch vorbei.

Die Welt ist voller Aufgaben, die auf eine ethische Weise zu erfüllen sind. Ich denke an das Thema Armut, Hunger, Gerechtigkeit, das Thema neue Verteilung der Arbeit. Das Thema Terrorismus. Das Thema Frieden. Umgang mit Gewalt. Wahrheit und Information. Das Thema zukünftige Lebensweise. Schutz der Ökosphäre. Gleichrangigkeit aller Menschen. Das Leben und die Sterbebegleitung. Den Rechtsstaat. Die Menschenrechte. Auch das Thema, wie der Staat seine Autorität behalten könne gegen die globale Wirtschaft. Für Christen zum Beispiel auch das Ende des Konfessionalismus und die Ökumene der Religionen. Ich brauche nur so anzufangen mit dem Aufzählen der ethischen Aufgaben in unserer Zeit und wir werden sehen, dass dies alles Aufgaben sind von einer so gigantischen Größe, dass es fast hoffnungslos ist, sie erfüllen zu wollen. Sie sind in dieser Schwere dem Gewissen der Menschen noch nie zugemutet worden, und sie dürften es noch lange Zeit hoch überfordern. Wenn es gelingen sollte, alle diese Probleme zu lösen, dann müsste dazu weltweit eine ethische Sensibilität in den Menschen aufblühen, wie sie die Menschheit bisher noch nie aufgebracht hat.

In fataler Gegenläufigkeit zu diesem Anwachsen der ethischen Aufgaben schwindet in unserer Zeit in den Menschen die Fähigkeit und der Wille, irgendeiner ethischen Forderung zu entsprechen. Jürgen Habermas äußerte einmal: »Was wir beobachten, ist ein Verdorren aller normativen Sensibilitäten. Heute verändert sich die Konstellation zwischen Religion und Aufklärung. Es geht nicht mehr um das kritische Hinterfragen alter Normvorstellungen, sondern darum, dass wir lernten – dass auch unser Staat lernte! – behutsamer als je mit allen Ressourcen umzugehen, aus denen sich die moralische Sensibilität seiner Bürger speist.«

So weit Habermas. Das Wort kommt einem vorsichtigen Griff in Zeiten, die der europäischen Aufklärung weit vorausliegen, gleich. Es fragt nach den uralten Weisen, wie Menschen jemals zu ethischen Aufstellungen gekommen sind. Wie aber öffnet man Menschen, die ethischer Maßstäbe nicht zu bedürfen meinen, den Zugang zu den Ressourcen ethischer Sensibilität? Fakt ist: Die ethischen Aufgaben wachsen ins Unermessliche. Der Wille und die Kraft, sie zu bewältigen, nehmen ab.

❀

Eine zweite Feststellung: In der guten alten Zeit unserer Urgroßeltern war gewiss nicht alles besser, aber es war einfacher. Wenn damals jemand sagen wollte, was ein Mensch zu tun und zu lassen habe, so holte er seine Maßstäbe aus dem reichen Schatz jahrtausendealter Vorräte an bewährten Moralvorstellungen. Wenn ich heute dasselbe tun soll, wenn ich also sagen soll, was in einer Welt wie der heutigen gut sei oder böse, gerecht oder ungerecht, so werde ich nach ein paar allgemeinen Sätzen am Ende sein. Weiß ich es denn? Weiß es irgendjemand? Die bewährten Moralvorstellungen tragen nicht mehr. Sie tragen weder die Ethik der Ehe noch die des Tötens im Krieg.

Ich müsste mich in dieser komplizierten Welt auskennen, wie sich keiner auskennt, wollte ich sagen können, was ein Geschäftsmann oder Arzt oder Politiker, eine alleinstehende

Frau, ein Forscher am menschlichen Genom oder der Manager einer Bank zu tun und zu lassen hätten. Ich müsste Fachmann auf jedem der Hunderte oder Tausende von Einzelverantwortungen oder Einzelschicksalen sein, wollte ich bündige und gültige Auskünfte geben. Mir wird sich dabei herausstellen, dass auf vielen Lebensgebieten nicht einmal mehr der Fachmann über sein Fachgebiet so vollständige Kenntnis hat, dass er fähig wäre, für seine Kollegen die konkreten Handlungsmuster zu entwerfen. Und was mich selbst betrifft: Eine brauchbare, handliche, christliche Ethik für diese Zeit zu entwerfen, habe ich die Sachkenntnis einfach nicht.

Die Kirche hat früher die Kompetenz und das Mandat beansprucht, sagen zu können, was gut und böse sei. Heute wird sie vielleicht nur noch den Einzelnen darüber beraten können, auf welche Weise er für sich selbst zu Maßstäben kommt, die ihm helfen, sein Leben zu bestehen. Vorschriften wird sie nicht mehr vorlegen können. Und wenn sie das tut, wird sie in große Gefahr geraten, die heutigen Aufgaben zu verfehlen.

❀

Eine dritte Feststellung: Man hilft sich heute gerne damit, dass man von den christlichen Werten spricht. Ich habe immer wieder, wenn ich von den christlichen Werten höre, das Gefühl, es handle sich dabei um eine einzige Luftnummer. Ich sehe die diese ganze Diskussion ausfüllende Fahrlässigkeit, mit der heute mit dem Christentum und seinem ethischen Gebrauch politisch und gesellschaftlich herumhantiert wird. Es rührt mich immer, wenn in den oberen Etagen der Bundesrepublik wieder eine oder einer von den christlichen Werten schwärmt und dabei vielleicht die soziale Gerechtigkeit meint oder den Frieden, die Freiheit, die Menschenwürde oder die demokratische Staatsform.

Nun ist von einer anderen Art Frieden, einer anderen Art Freiheit oder Gerechtigkeit in der Bibel durchaus die Rede, aber die christlichen Kirchen haben in den letzten zweitausend Jahren nicht zu den Kräften der Geschichte gehört, die daran interessiert waren, solche Werte praktisch durchzusetzen. Ist der Friede ein christlicher Wert? Die Christen haben ihre Kriege mit der gleichen Selbstverständlichkeit und Brutalität geführt wie andere Leute. Von den Kreuzzügen bis zum Kampf gegen den Terrorismus. Die Freiheit des Gewissens? Ist sie ein christlicher Wert? Sie kam zu den Christen der ersten Jahrhunderte aus dem Nachdenken der spätgriechischen Philosophie, und sie ging in den Kirchen alsbald verloren. Sie wurde durch den Humanismus wieder ins Spiel gebracht und musste gegen den Widerstand der Kirchen von der Aufklärung durchgesetzt werden. Die soziale Gerechtigkeit? Ist sie ein christlicher Wert? Sie musste gegen den versammelten Widerstand der christlichen Bürger- und Feudalkultur des 19. Jahrhunderts von der Arbeiterbewegung erkämpft werden. Die Gleichheit vor dem Gesetz? Während der ganzen Kulturgeschichte des Abendlandes galt für Kleriker und Fürsten, für Mächtige und Reiche immer ein anderes Recht als für Bürger und Knechte. Die Unantastbarkeit der Menschenwürde? Sie wurde in den christlichen Kirchen ebenso missachtet wie in unserer ganzen Kultur sonst. Der Rechtsstaat? Die Teilung der Gewalten hatte bis vor Kurzem unter den christlichen Königen ebenso wenig wie bis heute unter den Päpsten eine Chance.

Diese christlichen Werte sind vom Christentum nicht mehr als von anderen vertreten oder gefördert worden. Sie haben sich erst im Lauf des 20. Jahrhunderts durch ganz andere Kräfte allmählich durchgesetzt und kamen in die Verfassungen auch christlicher Staaten erst nach dem Zweiten Weltkrieg. Eine Ausnahme ist vielleicht die amerikanische Verfassung, die auf das Konzept der Pilgerväter zurückgeht, auf den sogenannten *Mayflower Compact*. Sie aber kann sich heute gegen das dortige Christentum kaum durchhalten. Wir sollten auf alle Fälle, wenn einer von christlichen Werten spricht, fragen, was er denn damit im Auge habe.

❀

Ich müsste nun eine vierte und fünfte und sechste Feststellung treffen über eine Ethik nach dem Gewissen, eine Ethik nach Geboten, eine Ethik der Suche nach dem Glück für alle und andere und zeigen, warum es keine christliche Ethik gibt, die von allen anerkannt würde und die uns helfen würde, mit unseren Aufgaben zurande zu kommen. Es ist jetzt nicht die Zeit, so weit auszugreifen.

Ich kann aber fragen: Wie muss denn eine Ethik in einer Gesellschaft funktionieren, wenn sie überhaupt funktionieren soll? Wenn eine Ethik in einer Gesellschaft wirksam werden und gelten soll, muss sie bestimmte Voraussetzungen erfüllen. Ich will ein paar davon aufzählen:

Eine Ethik muss klar sagen können, was gut und was böse sei. Sie muss den, der gegen sie verstößt, finden und kennzeichnen. Sie muss Sanktionen für ihn bereithalten. Sie muss Sühne oder Strafe oder Wiedergutmachung fordern. Sie muss Instanzen bereitstellen, die über ihre Einhaltung wachen. Der Katalog des Gesollten und des Verbotenen muss klar dargestellt sein. Sie muss davon ausgehen, dass der Mensch haftbar sei für sein Tun. Ihre Anforderungen müssen so bemessen sein, dass ein durchschnittlicher Mensch sie erfüllen kann. Wenn ein Mensch nach einem Verstoß von der Gemeinschaft wieder anerkannt sein will, muss er das Schuldhafte seines Tuns eingesehen haben. Eine Ethik muss fähig sein, dem, was ihr zuwider ist, kämpferisch zu begegnen. Und endlich: Sie wird auf natürlichen Ordnungen aufbauen, zum Beispiel der Familie, der Abfolge der Generationen oder ähnlichen Gegebenheiten.

❀

Genau damit sind wir am Beginn unserer Überlegungen: Wie steht es denn mit all diesen Bedingungen einer öffentlichen Moral, wenn wir das, was wir von Jesus hören, daran messen? Dabei werden wir auf die vielleicht überraschende Tatsache stoßen, dass Jesus etwas wie Moral oder Ethik überhaupt nicht gewollt hat. Ihm lag etwas ganz anderes am Herzen.

Er sagt nicht: Mach die Augen auf, dann wirst du die Bösen von den Guten unterscheiden können. Sondern: Kann denn ein Blinder einem Blinden den Weg weisen? Werden sie nicht alle beide miteinander in die Grube fallen?

Er sagt nicht: Dein Urteil über Gut und Böse muss gerecht sein. Sondern: Urteile überhaupt nicht. Aber wie soll dann eine öffentlich verbindliche Ethik funktionieren? Muss man nicht das Böse kennzeichnen und namhaft machen?

Er sagt nicht: Die Bösen sind böse und müssen bestraft werden. Sondern: Die ihr böse nennt, die sind krank. Sie brauchen keine Belehrung, sondern eine Heilung. Einer ethischen Forderung muss eine Therapie vorhergehen. Die ihr die Bösen nennt, brauchen keine Moral, sondern einen Arzt.

Und weiter: Er kehrt die ethische Folge zwischen dem Täter und seiner Tat um. Eine Ethik geht davon aus, dass ein Mensch gerecht wird und gut durch das Gerechte und Gute, das er zuwege bringt. Jesus sagt: Ihr müsst schon gut sein, wenn ihr das Gute tun wollt. Wenn ein Baum gesund ist, bringt er gute Frucht. Wenn er krank ist, schlechte. Damit entzieht er jeder Ethik ein gutes Stück ihres Anspruchs.

Und noch einmal: Muss es nicht Autoritäten geben, die zu sagen haben, was gut sei und was böse? Aber auch das nimmt Jesus uns aus der Hand. Er sagt: Ihr sollt Autoritäten weder für euch selbst noch für andere aufstellen. Ihr sollt auch selbst keine Autoritäten sein wollen. Es muss euch genügen, was ich euch sage. Niemand hat Anspruch auf eine ordnende Funktion. Kein Mensch. Kein Bischof. Kein Papst.

Aber wie soll dann eine öffentlich gültige Ethik durchgehalten werden?

Er sagt nicht: In euren Gerichten müssen gerechte Urteile gefällt werden, sondern: Eure Urteile sind mir gleichgültig. Als er einmal in einen Strafprozess einbezogen werden soll über eine Frau, die nach dem Gesetz zum Tod zu verurteilen war, sagt er: Euer Gericht ist überhaupt nicht zuständig. So vollkommen seid ihr selbst auch nicht. Aber so kann natürlich kein Recht funktionieren. Und die Frau schickt er gegen das geltende Recht einfach nach Hause. Ein Ethos kann so nicht geschützt werden.

Er sagt nicht: Wenn ihr schwört, muss euer Eid wahr sein. Sondern: Schwört überhaupt nicht. Und er nimmt damit einem Gericht ein unentbehrliches Mittel, einen Sachverhalt aufzuklären.

Er sagt nicht: Du sollst deinen Vater und deine Mutter ehren. Sondern er fragt in die Runde: Was soll ich mit meiner Familie anfangen? Wer den Willen meines Vaters im Himmel erfüllt, der gehört zu meiner Familie. Ein Generationenvertrag? Den gibt es nicht.

Er sagt nicht: Wenn eine Schuld annulliert werden soll, muss der Täter eingesehen haben, was falsch war, sondern er erzählt von einem jungen Mann, der den Hof seines Vaters um eine beträchtliche Summe geschädigt hat, der in Lumpen zurückkommt und ohne Anerkenntnis seiner Schuld und ohne Wiedergutmachung mit einem Fest wieder in der Familie aufgenommen wird. Aber so kann keine ethische Ordnung funktionieren.

Zwischen Licht und Finsternis muss ein Unterschied sein. Wer in den Frieden seines Nachbarn feindlich einbricht, muss einer entschlossenen Abwehr begegnen. Aber Jesus sagt: Gott lässt seine Sonne scheinen über die Bösen und über die Guten. Tut das auch! Aber eine ethische Ordnung oder etwas wie Sicherheit kann so nicht entstehen.

Eine Tat ist eine Tat. Ein bloßer Gedanke ist ein bloßer Gedanke. Der Gedanke ist nicht strafbar. Aber Jesus hebt diesen entscheidenden Unterschied auf: Wer seinem Bruder zürnt, der ist so gut oder so schlecht wie der, der ihn umbringt. Wenn das so ist, kann man den, dessen Gedanken zur Tat werden, nicht bestrafen. Man muss ihn laufen lassen. Oder man muss den, der den Tod des anderen wünscht, ebenso bestrafen. Und das sagt Jesus ja deutlich genau so.

Insgesamt geht aus solchen und anderen Äußerungen Jesu hervor, dass er von einer funktionsfähigen Ethik nichts hält und nichts erwartet. Er zeichnet keine vor. Er misst die Menschen nicht nach ihrem ethischen Zustand. Er hat gewiss Maßstäbe, aber die haben ihren Sinn an einer ganz anderen Stelle.

❀

Nun kommen wir endlich zu unserer Geschichte zurück. Zentral für Jesus sind zwei Maßstäbe. Zwei Gesichtspunkte. Zwei lebendige Vorgänge, die einen Menschen ethisch qualifizieren. Zwei Grundbewegungen, die zusammen den festen Kern einer christlichen Ethik ausmachen. Die eine führt von der Mitte eines Menschen nach außen. Raumgreifend. In eine immer größere Weite. Die andere führt von der Höhe, in der er steht, abwärts.

Die erste, die Bewegung nach außen, ist das Lieben. Das Ausbreiten des Liebens nach allen Seiten hin, zum geliebten Menschen hin, zum Nächsten. Zum Nachbarn. Zu dem, der zufällig begegnet. Zum immer Ferneren. Und bis hin zum Feind. In immer weiteren Ringen.

Das zweite ist das Absteigen. Der Verzicht auf die eigene Bedeutung, den eigenen Rang, das eigene Recht, die eigene Macht, die eigene Würde, den eigenen Erfolg. Es ist der Statusverzicht. Setze dich auf den letzten Platz, sagt Jesus. Alles andere, das ethisch von Bedeutung ist, ergibt sich aus diesen beiden Grundbewegungen.

Das Muster für diese Art Lebensweise nimmt Jesus an Gott ab. Gott ist ihm der Liebende, und er ist der, der absteigt in die Niederungen des Menschenlebens. Was also ein Mensch tun soll, sagt ihm nicht eine Moral, sondern ein Glaube. Eine Gottesvorstellung. Absteigen heißt, absteigen auch auf der sozialen Treppe. Die Tradition nennt es *humilitas*. Niedrig sein. Das Wort hängt mit *humus* zusammen und heißt so viel wie Erdnähe. Es will sagen, man habe auf der Erde, auf dem Teppich sozusagen, zu bleiben. Man habe auf die Illusion zu verzichten, man stehe irgendwie höher als andere. Nein, du bist unten! Bleibe unten! Tu, was unten zu tun ist!

Du sitzt auf einem Esel, du kommst deines Weges daher. Du hilfst dem geschlagenen, verletzten Menschen an der Straße. Du sitzt auf dem Esel deines sozialen Ranges. Auf dem Esel vielleicht auch deiner Einbildung. Deiner Ansprüche. Deiner Geltung. Solange du auf einem dieser Esel sitzt, kannst du nicht sehen, was du zu tun hast. Steige herunter. Lass den Esel stehen. Beuge dich zu dem Menschen an der Straße. Sonst kannst du nicht sehen, wo seine Verletzungen sind. Du musst schon neben ihm sein. Unten, dort, wo er ist. Dann tu, was die Liebe verlangt. Mit Verbinden. Mit Öl, mit Wein. Mit deinem hilfreichen Zugriff. Mit deinem hilfreichen Wort. Dann stemme ihn auf deinen Esel. Du musst unter ihm sein, wenn du ihn anheben willst. Dann geh neben dem Esel und halte den Mann fest, dass er nicht herunterfällt. Du kannst deinen Esel nicht mehr für dich gebrauchen, sondern nur noch für den, den du transportierst. Du wirst neben ihm zum Fußgänger. Und wenn du an das Hotel in Jericho kommst, dann kannst du nicht mehr als der vornehme, der würdige Gast auf deinem Esel ankommen, du wirst Mühe haben, ihn zusammen mit dem Mann an der Rezeption vom Esel zu heben und in ein Bett zu tragen. Und vielleicht wird sich der Wirt selbst wie du mit Blut verschmieren. Der Gast ist König, sagt man unter denen, die ein Wirtshaus zu betreiben haben. Aber von diesem König ist an dir nichts zu bemerken. Vielleicht eher an dem Verletzten. Und wenn der Wirt dir danach seine Rechnung überreicht, dann wird da auch vermerkt sein: Irgendeinen Menschen beherbergt, gepflegt und versorgt. Macht zwei Silberstücke. Dann zahle. Du hast nichts davon. Das Einzige, was dir bleibt, ist, dass du für einen Nachmittag und eine Nacht dem, der am Weg lag, ein Nächster geworden bist.

Charakteristisch für beide ist nun aber, dass die normalen Grundwerte einer Ethik eingefordert werden können, vorgeschrieben von einer Gemeinschaft, von einer Gesellschaft, von einer Kirche, von einer Familie, von einem Staat oder von wem immer. Gebote sind zu befolgen. Sie sind einzuhalten. *Diese* beiden Grundbewegungen aber haben die Eigenart, dass es sie nur gibt im freien Raum einer eigenen Entscheidung. Lieben und Absteigen erfordern den freien Verzicht auf Freiheit durch einen freien Menschen.

Augustin hat das viel gefeierte Wort gesagt: »Liebe und tu, was du willst!« Den Gedanken Jesu entsprechend müssen wir aber hinzufügen: Steige ab! Und wenn du ganz unten bist, kannst du nur noch lieben. Dann tu, was du willst! Du bist frei. Ein Gesetz, das dies verlangte, gibt es nicht. Es gibt für dich überhaupt kein Gesetz, sondern nur noch eine große Freiheit.

Kennzeichnend für beide Grundbewegungen ist, dass es kaum möglich sein wird, mit ihrer Hilfe die Maßstäbe für eine Rechtsordnung zu finden. Wer seinen Feind nicht lieben will oder zu einem leidenden Menschen nicht absteigt, machte sich damals nicht strafbar. Aber genau das meint Jesus. Wir erinnern uns, wie wenig er sich für die Bestrafung von Übeltätern interessiert hat.

Jesus ist überzeugt, dass die grundlegenden ethischen Konflikte erst dann gelöst werden können, wenn man Lösungen findet, die über den ethischen Rahmen hinausreichen. So ist Gerechtigkeit ein notwendiges Ziel aller Ethik. Ein unerreichbares. Aber Lieben und Untensein zeigen die Wege, auf denen es erreichbar wird. Ob Frieden irgendwo einkehren kann, entscheidet sich daran, ob Menschen in der

Lage sind, diesen Frieden nicht mithilfe ihrer Macht oder ihres Rechts zu suchen, sondern auf dem Weg des Absteigens von irgendeinem hohen Ross, irgendeinem hohen Anspruch, irgendeiner Rechthaberei. Die Werte, um die es dann geht, sind sehr handfest. Sie sind keine Gedanken, keine Idee, sondern konkrete Anweisungen, die du dir selbst gibst.

Wir reden heute gerne von Solidarität. Aber solange wir eine Solidarität von oben meinen, werden wir der Wirklichkeit immer in einer bestimmten perspektivischen Verzerrung begegnen. Die Wirklichkeit zeigt sich uns in ihren wirklichen Maßverhältnissen immer nur, wenn wir eine Solidarität meinen, die aus gleicher Höhe blickt mit dem, der auf diese Solidarität angewiesen ist.

Was haben wir also an Weisungen für unser praktisches Tun in der Hand? Nur dies beides: das Lieben und das Absteigen. Alles andere ist frei. Wir haben weder ein anwendbares Gebot noch ein anwendbares Handlungsmuster, weder eine Hierarchie von Werten noch die Fiktion eines inneren Gesetzes, das wir ein Gewissen nennen würden.

Noch einmal: Was Jesus uns an Verhaltensregeln mitgibt, ist immer wieder das eine und besondere: Sei unten! Wenn du oben bist, dann steige ab, bis du so weit unten bist wie der, der vor deinen Füßen liegt. Und wenn du auf Augenhöhe bist mit ihm, dann tu, was er braucht! Liebe ist nach Jesus nicht ein erhebendes Gefühl, sondern ein Schritt abwärts und ein praktisches Tun. Und wenn du ganz unten bist, dann liebe! Darin liegt deine Freiheit. Es ist die Freiheit derer, die tun, was Jesus selbst tat.

❀

Ist das nun eine Ethik, die sich politisch anwenden lässt? Wenn wir diese beiden Grundbewegungen immer wieder auf ihren Kern zurückführen, dann ist sie es durchaus. Eine politische Ethik ist für Christen ein freier Raum für sachgemäße Entscheidungen. Hier muss etwas von Wahrheit entstehen. Etwas von Gerechtigkeit.

Jesus war offenbar der Meinung, die grundlegenden ethischen Konflikte könnten dann gelöst werden, wenn man Wege findet über den ethischen Rahmen hinaus. So ist Wahrheit ein notwendiges Ziel aller Ethik. Ein unerreichbares. Aber Absteigen und Lieben zeigen die Wege, auf denen es erreichbar wird. Ob die Menschenwürde irgendwo einkehren kann, entscheidet sich daran, ob Menschen in der Lage sind, diese Menschenwürde nicht mithilfe ihrer Macht oder ihres Rechts zu suchen, sondern auf dem Weg des Absteigens von irgendeinem hohen Ross, irgendeinem hohen Anspruch, irgendeiner Rechthaberei.

Aber hier kommt nun heraus, was Jesus mit alldem bezweckt, auch mit der Freiheit, die er eröffnet. Hier tritt etwas in Erscheinung wie die plötzliche Lösbarkeit von unlösbaren Problemen. Absteigen heißt ja zum Beispiel, ohne das Bewusstsein eigener Überlegenheit auszukommen. Ohne Gewalt zu denken. Ohne Gewalt in Worte zu fassen. Ohne Gewalt auszuüben. Gewalt trennt uns auf alle Fälle von dem Menschen, den wir vor uns haben, und die Probleme, die wir lösen wollen, werden durch die Anwendung von Gewalt unlösbar. Solange wir in Gewalt denken, können wir für die Heilung der Verhältnisse unter den Menschen dieser Erde nichts tun. Denn was wir noch bekämpfen, das können wir endgültig nicht mehr verändern oder verbessern. Wir stehen dem Problem gegenüber im Abseits.

Mir scheint, hier lägen Lebensgesetze, die wir nicht mehr ignorieren können, falls wir wollen, dass durch uns etwas geschieht, das zu irgendeiner besseren Erde führt. Jeder weiß, dass Hunderte von Millionen Menschen unter Verhältnissen leben, die vom Unrecht herrschender Schichten oder von der Gleichgültigkeit der Zuständigen gekennzeichnet sind. Und jeder kann vermuten, dass es aus tausend traurigen Gründen bis ans Ende der Welt so bleiben wird. Ethische Appelle hin oder her.

Jeder weiß, dass die Umwelt des Menschen nicht mehr viel aushält, dass also ein Umdenken stattfinden muss im Hinblick auf die Produktion der Industrie und den Verbrauch der Völker. Jeder weiß, dass die Katastrophe kommt, wenn nichts geschieht. Und jeder weiß auch, dass aus vielen Gründen nichts geschehen kann, das sie verhindert. All dies würde vielleicht gelingen, wenn wir fähig wären, jeweils von einem ganz bestimmten Anspruch aus abzusteigen bis dorthin, wo sich die Lösungen anbieten.

Wir reden gerne und viel von Gerechtigkeit. Wir können heute aber beginnen zu verstehen, dass niemand, der noch um sein Recht kämpft, für die Gerechtigkeit in der Welt irgendetwas tun kann. Denn Gerechtigkeit entsteht nur, wo viele auf ihr Recht verzichten. Gerechtigkeit meint immer auch das Recht der anderen mit.

Wir reden gerne und viel vom Frieden, aber wir suchen zugleich unsere Erfolge, unsere Selbstdurchsetzung, unsere großen und kleinen Siege. Wer aber noch siegen will, steht in irgendeiner Art von Krieg und kommt über den Krieg nicht hinaus. Wer noch siegen will, kann für den Frieden nichts tun. Er ist am Frieden schon vorbeigeschrammt.

Wir reden gerne und viel von Wahrheit. Zugleich wollen wir recht haben. Aber Wahrheit ist mehr als unsere Rechthaberei. Wer noch in irgendeinem Sinne recht haben will, kann für die Wahrheit nichts mehr tun.

Wir reden gerne vom Verstehen. Wir sollten aber endlich das Lebensgesetz begreifen, das für alles menschliche Verstehen gilt: dass wir nämlich nur verstehen, was wir mindestens ein wenig lieben. Dem wir uns emotional zuwenden. Wenn ich einen Menschen nicht wenigstens ein wenig liebe, kann ich tausend Daten über ihn besitzen, ich werde ihn nicht verstehen. Und das gilt nun einmal auch von meinem Feind. Wenn ich mich ihm nicht emotional zuwende, wird meine Reaktion von Angst oder Hass diktiert sein. Ich werde nichts von ihm verstehen. (Der Krieg gegen den Terror heute ist ein Musterbeispiel.) Es wäre vielleicht nützlich, die sehr wichtige Weisheit zu begreifen, die in dieser Vorstellung sichtbar wird, dass man nur begreift, was man wenigstens versucht, zu lieben.

❀

Das Ergebnis unserer Überlegungen zum barmherzigen Samariter ist vielleicht dies: Man kann, was Jesus uns zeigt, nicht eigentlich eine Ethik nennen. Wenn irgendwo eine christliche Moral verkündigt wird, kann man davon ausgehen, dass ihre Werte anderswo herstammen als aus dem Evangelium von Jesus Christus. Was wir bei ihm gewinnen können, ist eigentlich mehr eine Deutung des Menschenlebens. Es ist eine Weisheit, die das Leben als Ganzes ins Auge fasst und ihm eine Richtung und einen Sinn gibt. Der Einzelne hat danach nicht die Pflicht zu fragen: Was muss ich tun? Er hat die Freiheit zu fragen: Was will Gott in mir an Kräften freisetzen, was will er in mir bewirken, das danach mein Tun zu einem Ausdruck seiner Güte macht? Was ist das besondere Wort, das Gott in mir spricht? Was ist die besondere Musik, die meine Seele hört und zum Klingen bringt? Wie kann meine Erscheinung ausdrücken, wer ich bin, wovon ich lebe, was ich liebe und was mich erfüllt? Was tue ich mit allen meinen Kräften an Geist, Seele und Leib, auch mit meiner Verspieltheit, meinen Träumereien, meinem Hoffen, meinem Humor, meiner Lebensfreude? Was kann ich von dem zeigen, was mich begeistert, wofür ich eintrete? Worum lohnt es sich, dass ich meine Tage damit zubringe? Ich darf jedenfalls meines Weges gehen, eingehüllt in den Trost, den mir Jesus zuspricht. In der Zuversicht, dass mein Weg gangbar ist und ich am Ende an einem guten Ziel ankommen werde.

❀

Mehr als zwanzig Jahre lang habe ich mit den Kindern einer Jugendfarm gelebt. Dort kam eines Tages ein Kind zu mir gelaufen, ein Mädchen, achtjährig: »Jetzt baue ich mir hier eine Hütte. Und drüben, im Garten, stecke ich einen Apfelkern in mein Beet. Dann kann ich mir immer einen Apfel holen, wenn ich arbeite.«

Das Kind hat, ohne es zu ahnen, ein grandioses, ein im Grunde unüberbietbares Gleichnis geschaffen: Es wollte bauen. Es wollte arbeiten. Und damit es die Kräfte für seine Arbeit erneuern konnte, wenn es müde und hungrig wurde, steckte es einen Kern in die Erde. Es bezog seine Kraft aus einer Hoffnung, die es in die Erde setzte. Es bezog seine Energie von einem Baum, den es noch nicht sah, von einer Frucht, die in einer fernen Zukunft einmal reifen würde. Es begab sich an seine Arbeit, nahm Latten, Schwarten und Pflöcke und baute sein Haus. Und am Ende wohnte es mit seinen Freundinnen glücklich darin.

❀

Das Maß, das für uns gilt, ist kein anderes als die Menschengestalt des Mannes aus Nazareth. Seine Einfachheit, seine Wehrlosigkeit. Seine Weisheit. Sein Blick in die Zukunft. Sein Wille, für die Welt der Menschen zu wirken, und das auf eigene Gefahr. Wir sind Einzelne. Aber wir glauben, dass wir zusammengehören, dass wir nachdenken können, horchen, verantworten. Zwänge durchbrechen. Das Untunliche tun. Das Verschwiegene aussprechen. Für die Sprachlosen reden, das Unterdrückte benennen und im Ernstfall auch Niederlagen hinnehmen. Wir tun dies und versuchen jenes und wissen, dass das Geringe, da und dort in aller Einfachheit getan, die Welt vom Tode zum Leben bringt.

Die Zukunft hat es nun einmal an sich, dass das Land, in das sie uns verweist, für unseren kurzen Blick nicht kartografiert ist. Wege, die in die Zukunft führen, liegen nie als Wege vor uns. Sie werden zu Wegen immer erst dadurch, dass wir sie gehen in unserer ganzen, von Jesus Christus ausgehenden Freiheit.

6
Die Versuchung Jesu nach Matthäus 4

Köln 2007

Die Versuchungsgeschichte Jesu spielt in der Wüste, irgendwo in Juda oder Jordanien oder im Negev. Diese Wüsten im Nahen Osten habe ich immer geliebt. Wer sich selbst finden will, wer in extremer Ausschließlichkeit sich selbst begegnen will, dem empfehle ich nicht den Palmenstrand am Meer, sondern die wirkliche Wüste. Er sollte ein paar Wochen lang allein sein zwischen Sand und Felsen.

Eine Wüste führt uns rasch an unsere Grenzen. An die Grenze unserer Kräfte. An die Grenze auch zwischen Leben und Tod. An die Grenze zu allem, was über unsere vordergründige Wirklichkeit hinausliegt. Sie fordert eine Wachheit, eine Aufmerksamkeit, wie kaum irgendsonst eine Landschaft. Allein sein in der Wüste kann auch in eine tiefe Panik führen. Ein Afrikaner beschrieb diese Panik der Verlassenheit und Einsamkeit in einem kurzen Gedicht:

> Irgendwer ist besser als niemand.
> In dürrer Dämmerung ist sogar die Schlange,
> deren Spirale Schrecken zeichnet in den Sand,
> besser als niemand in diesem öden Lande.

Alleinsein mit sich selbst. Man lernt, mit sich selbst zu reden, weil man sonst niemand hat. Man begegnet sich selbst an der Grenze und erkennt sich selbst in irgendeinem trockenen Busch oder irgendeinem Felsklotz. Um diese Begegnung an den Grenzen des eigenen Menschen mit dem Fremden, ganz Anderen, Feindlichen geht es in Matthäus 4,1–11:

»Danach trieb der Geist Gottes Jesus in die Wüste. Er fastete dort vierzig Tage und Nächte, bis der Hunger übermächtig wurde. Da trat der Versucher an ihn heran und flüsterte ihm ein: ›Bist du wirklich der Sohn Gottes? Dann sprich ein Wort, und aus diesen Steinen wird Brot!‹ Jesus gab zur Antwort: ›In der Schrift steht: Der Mensch lebt nicht vom Brot allein, sondern von jedem Wort, das Gott zu ihm spricht.‹ Da nahm der Teufel ihn mit sich in die heilige Stadt, stellte ihn auf das Dach des Tempels, hart an den Rand, und sagte: ›Bist du wirklich Gottes Sohn, dann spring hinab! Gott hat doch gesagt, er werde seine Engel senden, die würden dich auf Händen tragen, und du würdest deinen Fuß an keinen Stein stoßen.‹ Jesus antwortete: ›Es steht geschrieben: Du sollst dich nicht über Gott, deinen Herrn, erheben, indem du ihn herausforderst!‹ Zuletzt trug ihn der Teufel auf einen sehr hohen Berg und zeigte ihm alle Reiche der Welt mit ihrem Glanz und mit all ihrer Macht: ›Das alles will ich dir geben, wenn du niederfällst und mir auf den Knien huldigst!‹ ›Weg mit dir, Satan!‹, fuhr ihn Jesus an, ›die Schrift sagt: Gott allein sollst du anbeten und niemanden sonst.‹«

❀

Die Geschichte wird zweimal erzählt, bei Matthäus und bei Lukas. Bei Matthäus schließt sie: »Da verließ ihn der Teufel. Engel aber kamen und stärkten ihn.« Bei Lukas lautet ihr Schluss: »Da ließ der Teufel von ihm ab bis zu gelegener Zeit.« Dieser Schluss ist wichtig. »Bis zu gelegener Zeit.«

Der Versuchungsgeschichte ging eine andere voraus: Diese erzählt, wie Jesus seine Berufung erkannte, im Namen Gottes zu den Menschen zu gehen und ihnen eine Botschaft von Gott zu sagen. Es ist die Geschichte von Jesu Taufe im Jordan (Matthäus 3,13–17). Nun also geht er in die Wüste, um sich die ganze Ungeheuerlichkeit dieses Auftrags vor Augen zu führen. Sich klar zu werden darüber, was da nun eigentlich von ihm verlangt sei.

Und da hört er: Du sollst also ein Wohltäter der Menschen sein. Also musst du das Brot schaffen, von dem die

Menschen leben können. Den sozialen Wohlstand. Gerechtigkeit. Brot zum Essen – was sonst?

Die Menschen aber müssen den Boten Gottes an dir erkennen. Dann musst du ihnen zeigen, dass du mehr kannst als andere. Zeige ihnen deine wunderbaren Fähigkeiten! Fliege vom Dach des Tempels hinab ins Tal.

Die Menschen brauchen Frieden. Sie brauchen Gerechtigkeit. Also suche die politische Macht. Als Einzelner wirst du nichts erreichen. Nur die Macht ändert die Verhältnisse.

Diese drei Überlegungen werden hier in kurzen Redewechseln zusammengefasst, auch wenn sie tagelang hin und her gegangen sein dürften. Und unsere Geschichte urteilt so: Das alles sind verlockende, sinnvolle Gedanken. Es lässt sich viel für sie sagen. Aber sie sind Abwege. Sie führen dich ab von deinem Auftrag. Sie verlocken dich, deinen eigenen Gedanken nachzuhängen, statt dem Willen Gottes zu entsprechen.

Jesus antwortet sich selbst so, dass er sich bei jeder dieser Fragen auf eine Weisung Gottes, auf die Logik eines Glaubens beruft. Und unsere Geschichte schließt insofern sehr befriedigend, als sie den Anschein erweckt, damit seien diese drei Irrwege ein für alle Mal ausgeschlossen und erledigt. Aber wir wissen aus dem, was wir sonst in der Bibel lesen, dass die Bibel Probleme, die ein ganzes Leben etwa des Propheten Elia durchzogen, in einer kurzen Geschichte zusammenfasst. Dass sie also in einem kurzen Redewechsel konzentriert sagt, was in einem ganzen Leben immer wieder zu tun oder zu erleiden war.

Mit folgenden Fragen hatte sich Jesus während der ganzen Zeit seines öffentlichen Wirkens auseinanderzusetzen: Was für eine Art Hilfe brauchen die Menschen von mir? Was will ich tun mit den Kräften, die mir gegeben sind? Als was sollen die Menschen mich sehen? Welche Ziele lohnen den Einsatz meines ganzen Lebens? Was will Gott? Was will ich selbst? Und dass Jesus diese Versuchungen nicht in einem einzigen Anlauf überwunden und hinter sich gelassen hat, wird sehr deutlich beim letzten Abendmahl, als er seinen Jüngern für ihre Treue dankt. Da sagt er: »Ihr habt bei mir ausgeharrt in meinen Versuchungen« (Lukas 22,28). Aber die Jünger waren in der Wüste bei dem Gespräch mit dem Teufel ja noch gar nicht dabei. Was waren das also für Versuchungen? Es dürften Versuchungen der Art gewesen sein, wie sie in unserer kurzen Geschichte angedeutet sind.

Während Jesus das Elend und die Armut in den Dörfern seiner Heimat vor Augen hatte, dürfte ihn diese Vorstellung verfolgt haben: Eigentlich muss ich diesen Ärmsten hier in den Hütten zuerst Brot schaffen. Wie Bert Brecht sagt: »Erst kommt das Fressen, dann kommt die Moral.« Also Brot für alle. Brot aus den Steinen, die hier überall auf den Äckern liegen. Wenn ich doch im Auftrag Gottes handle, dann muss die soziale Gerechtigkeit mein erstes Ziel sein. Das Überleben der Menschen. Nicht irgendwelche frommen Gedanken.

Und während er als der unbekannte Wanderprediger durchs Land zog und die Menschen heilte, also die besondere Kraft entdeckte, die in ihm war, muss er sich doch gefragt haben: Wie kann ich erreichen, dass die Menschen die Nähe Gottes begreifen, die in mir zu ihnen kommt? Müsste ich nicht Wunder über Wunder tun? Müsste ich ihnen nicht die Augen öffnen für die größere Welt, von der ihre kleine Welt umgeben und durchdrungen ist? Vielleicht nicht gerade von den Mauern des Tempelplatzes frei in die Tiefe fliegen, aber Dinge tun, durch die sie erkennen, wer ich bin und wie wichtig das ist, was ich zu sagen und zu bringen habe? Vielleicht damit, dass ich ihre Krankheiten und Gebrechen heile? Sie sollen doch Hoffnung fassen in ihrer tristen Lage, Hoffnung auf ein Gottesreich, das anders ist als alle Reiche dieser Erde.

Und wenn das alles fehlschlüge? Wenn sich beides, der Traum von der Gerechtigkeit für die Armen oder der Traum vom kommenden Gottesreich, als illusorisch erweisen sollte – was könnte ich dann tun? Diese Menschheit versteht vor allem die Sprache der überlegenen Macht. Sie versteht den Aufmarsch militärischer Kolonnen, aber nicht die sensible Wahrheit von Zielen, die ohne Gewalt zu erreichen sind. Muss ich nicht in die Politik gehen? Muss ich nicht das Schwert nehmen und mir die Mittel der Machtpolitik aneignen? Die Phrasen der politischen Leitwölfe aus dem politischen Leben hinausschaffen und die Menschen begeistern für ein ehrliches, irdisches Reich, mit dem all ihre Probleme gelöst werden können?

Nein, wirklich, die Versuchung durch den Teufel ist nicht einmal geschehen und war damit abgehakt. Sie dürfte Jesus vielmehr durch die ganze Zeit seines öffentlichen Wirkens begleitet haben. Es ist doch, wie gesagt, sehr bezeichnend, dass unsere Geschichte bei Lukas so endet: »Da verließ ihn der Teufel und hielt sich von ihm fern bis zu gelegener Zeit.«

Da hat Jesus an den Hängen des Golan die Menschen mit wenig Brot satt gemacht. Dann wollten sie ihn zum König ausrufen, er aber stößt sie vor den Kopf mit der ihnen völlig unverständlichen Umdeutung dieses Brots auf sich selbst: »Ich bin das Brot, das euch das Leben gibt.« So als sollte diese Speisung der vielen nichts mehr bedeuten. Und sie gehen kopfschüttelnd davon.

Da hat er eben einen Menschen geheilt, da wischt er das Wunder sofort wieder aus und geißelt seine Zuhörer mit dem Vorwurf, sie wollten immer nur Wunder sehen. Es gehe aber nicht um Wunder.

Da reitet er feierlich mit seinem Gefolge in die Stadt Jerusalem ein, obwohl oder weil er weiß, dass dieser Auftritt von den Festpilgern als das Kommen eines politischen Heilbringers missverstanden werden muss, aber danach erfüllt er nichts von den Erwartungen, die die Menschen auf ihn gesetzt hatten.

Noch im Garten Gethsemane weiß er: Mein Schicksal kommt mir zu aus dem Willen meines Vaters im Himmel. Und schon bei seiner Gefangennahme ist es plötzlich der Teufel, der ihm sein Schicksal zumutet. Da sagt er plötzlich:

»Das ist eure Stunde. Hier hat das Reich der Finsternis die Macht.« Ist das keine Versuchung? Der Hebräerbrief fasst alles zusammen in dem Wort: »Er hat Versuchungen erlitten genau wie wir.«

Die Gefahr, dass Jesus auf einen Abweg geriet, blieb bis zuletzt gegenwärtig. Immer wieder muss er sich klarmachen, was er eigentlich soll. Nein, Jesus war sich seiner selbst und seines Auftrags keineswegs so sicher, wie wir es von einem Beauftragten Gottes erwarten möchten. Das Dogma sagt: Er war ein »wahrer Mensch«. Ein Mensch wie wir. Das Besondere an ihm war, dass er den Gefährdungen, die uns Menschen ständig bedrohen, nicht erlegen ist.

Auf diese drei Versuchungen aber, von denen die Versuchungsgeschichte berichtet, treffen wir bis zum heutigen Tag in allem, was wir als Christen oder als Kirche tun sollen, tun könnten, tun müssten oder nicht tun dürfen. Soll bei uns die soziale Erneuerung an die Stelle treten, an der eigentlich zunächst die Wahrheit stehen müsste? Geht unserer Bemühung um Gerechtigkeit oder um das Wohl der Menschen noch Sorge um ihr Heil voraus oder haben wir das inzwischen vergessen? Wo liegt für uns das erste und stärkste Gewicht?

Ist uns das öffentliche Ansehen unserer Kirche das Wichtigste? Oder wissen wir noch, dass wir einer ganzen Menge an öffentlicher Verachtung begegnen werden, wenn wir genau bei unserem Auftrag bleiben? Welche Rolle spielen unter uns die zauberhaften Gewänder, die herrlichen Rituale, mit denen wir den Menschen unseren himmlischen Auftrag vor Augen führen, in die die Menschen sich so gerne kuscheln? Die Würden und Ämter und Titel, die zeigen sollen, dass einer, der diesen Titel trägt, sicherlich ganz dicht mit Gott zu tun hat?

Und zum Dritten: Welche Rolle spielt der politische Einfluss der Kirche? Kein Zweifel: Er ist nützlich. Man kann eine Menge damit bewirken. Für viele Journalisten sind das einzig Interessante an den Kirchentagen die Politiker, die sich da einfinden. Und wie gehorsam werden wir dabei der politischen Macht gegenüber? Den Zeitströmungen? Und wissen wir noch, wie abseits aller Macht Jesus gelebt hat? Und dass seine arme, wehrlose Gestalt das Muster ist, dem wir miteinander nachzuleben haben?

❀

Aber wir stellen eine zweite Frage: Noch etwas ganz Anderes deutet sich in unserer Geschichte an. In unzähligen Geschichten der Bibel und anderen Dokumenten der geistigen Tradition bis hin zu Sagen und Märchen geht es immer um drei Stufen. Und erst die dritte bringt den Höhepunkt: die eigentliche Aussage. Sie fangen mit einer einfachen Szene an, gehen weiter zu einer schwierigeren und enden mit einem tiefen Rätsel oder mit einer glücklichen Lösung. Nicht die erste bringt die entscheidende Erkenntnis und nicht die zweite, sondern erst die dritte. Nun fällt uns aber auf, dass die Reihenfolge der drei Versuchungen bei Matthäus und Lukas nicht dieselbe ist. Matthäus, der sein Evangelium vor Lukas schrieb, bringt das Brot, dann das Fliegen vom Tempel, am Ende die Macht. Für ihn ist also die politische Macht die entscheidend gefährliche Versuchung. Lukas vertauscht die zweite und die dritte. Er beginnt mit dem Brot, geht weiter über die politische Macht und zielt am Ende auf den Sprung vom Dach des Tempels. Was also ist für Lukas die letzte und härteste Versuchung, mit der Jesus zu tun hat?

Was ist der Sinn dieser Versuchung? Soll es die Versuchung sein, ein Wunder vorzuführen? Diese Art Zauberei kann es eigentlich nicht sein, das Wunder wurde bei der ersten Versuchung bereits abgeschmettert. Es muss etwas anderes gemeint sein. Was ich jetzt sage, das ist meine Vermutung. Es ist mir trotzdem wichtig, weil es auf das Bewusstsein Jesu und seine ganze Mühe mit seinem öffentlichen Wirken ein scharfes Licht werfen könnte, wenn es zuträfe.

Zunächst einen Blick zur Seite: Als Elia, der große Prophet, erkannte, dass alle seine Arbeit vergeblich sein würde, ging er eine Tagereise weit in die Wüste, setzte sich unter einen Wacholder und wünschte zu sterben. Und er sprach: Es ist genug. Nimm, Herr, mein Leben von mir. Ich tauge nicht zu mehr als alle vor mir. Legte sich hin und schlief ein.

Als Paulus an denselben Punkt kam, an dem ihn die Vergeblichkeit seiner Arbeit überfiel, als er sozusagen in der praktischen Sinnlosigkeit seines Wirkens unterging, schrieb er: »Ich möchte sterben und bei Christus sein. Das wäre bei Weitem das Beste. Aber euretwegen ist es besser, ich bleibe hier« (Philipper 1,21–24).

Wer jedenfalls wie Jesus seinem Volk einen heilvollen Weg zeigen will und zugleich weiß, dass dieses Volk ihn nicht gehen wird, wer so über die ganze Zeit seines Wirkens gegen den Unverstand kämpft, wer so mühsam immer nur kleine Schritte tun kann und weiß, dass er sie alsbald wieder zurücknehmen muss, wer so genau sieht wie Jesus, dass ihm ein täglich wachsender Hass entgegenschlägt und aller Einsatz und alle Liebe vergeblich bleiben werden – wer andererseits weiß, dass seine eigene Zukunft letztlich ganz anderswo liegen wird als auf dieser Erde und zwischen ihren Mächten, wer weiß, dass es eine Heimkehr zum Vater geben wird – wie sollte der nicht täglich nach dieser Alternative Ausschau halten, den Ausweg suchen aus Unheil und Gefahr und Vergeblichkeit? War es nicht vielleicht doch die Stimme nicht des Teufels, sondern Gottes, des Vaters, die ihm sagte: »Spring von der Zinne des Tempels! Ich werde meinen Engel senden; du wirst deinen Fuß nicht an einen Stein stoßen! Spring! Die ganze Mühsal wird von dir abfallen, denn im selben Augenblick wirst du bei mir sein!« Mir scheint es jedenfalls durchaus vorstellbar, dass Jesus die Möglichkeit, den großen Ausweg in die Freiheit über den eigenen Tod zu suchen, mehr bedrängt hat, als ihn die Chance der Weltherrschaft faszinieren konnte.

Und so sehe ich ihn durch die Dörfer Galiläas wandern. Ich höre ihn angesichts der Hoffnungslosigkeit seines Bemühens ausrufen: »O diese Menschheit! So unfähig zum Glauben! So verwirrt und verbohrt! Wie lange soll ich noch bei euch sein? Wie lange soll ich euch noch tragen?«(Matthäus 17,17). Und ich höre, wie er auf sein kommendes Leiden hinweist und Petrus ihn beschwört, diesen Weg doch ja nicht zu gehen. Da steht Jesus ihm gegenüber wie dem Teufel in der Wüste und fährt ihn an: »Verschwinde, du Satan! Du Versucher! Du bist mir im Weg!« Und den übrigen Jüngern zugewandt, fährt er fort: »Wer zu mir gehören will, der denke nicht an sich selbst und sehe von seinem eigenen Leben ab. Er nehme den Kreuzbalken, an den sie ihn hängen werden, auf seine Schulter und folge mir nach.« Hatte Jesus nicht beide Tode vor Augen: den, der ihm drohte, und den, der ihn verlockte? Wäre es nicht erlösend gewesen, »auszusteigen« und sich dem Glück des selbst gewählten Verschwindens zu überlassen?

Natürlich weiß ich nichts darüber. Ich taste mich nur durch bis an eine mir wesentlich scheinende Stelle. Könnte durch solche Überlegungen nicht vieles, was er sagte oder tat, an Tiefenschärfe gewinnen? Galt es für ihn nicht täglich, den Auftrag, der ihm zugemutet war, den Pflug sozusagen, mit dem er dem Gottesreich den Boden bereiten sollte, neu anzufassen und nicht hinter sich oder seitab zu blicken, sondern geradeaus, wo der Tod war?

Die Alternative zu dem erlösenden Sprung vom Tempel in die Tiefe war der mühsame Weg durch Schmerzen und Verlassenheit und bis in den entsetzlichen Tod am Kreuz, und eben ihn ging Jesus mit vollem Bewusstsein und in voller Freiheit. Und er ging ihn besonders auch für die vielen, für die dieser Ausweg aus dem Leben die verlockende Lösung aller Probleme scheinen würde. Geht hinter mir her, sagt er ihnen. Euer Weg geht weiter. Und er ist kurz. Er führt an ein Ziel. Ihr könnt ihn schaffen. Gott wird euch begleiten.

❀

Die Sache mit der Versuchung durch den Teufel ist also kein Märchen, das man Kindern erzählt, sondern brutale und immer drohende Wirklichkeit. Sie kann auch nicht aufs Kleinkarierte umgesetzt werden, etwa so, dass man sagt: Versuchung ist der Schokoladenladen oder der Zigarettenautomat. Oder die schöne Nachbarin. Für diese Art Versuchung braucht man weder einen Teufel noch einen Gott. Wer sich einigermaßen in der Hand hat, kann mit solchen Dingen auf eine anständige Art fertig werden, wenn er nur will.

Wir kommen zu einer dritten Frage: Wer ist das eigentlich, der hier als Teufel erscheint und der uns unsere leichten und bequemen Irrwege vorspiegelt? Was oder wen nennt die Bibel »Satan«? Wir sehen in ihm einen Herrscher in einem dunklen Reich des Bösen. Einen Gegenspieler Gottes. Aber die Bibel denkt anders: Der Teufel oder Satan spielt vielmehr die Rolle eines Angestellten am Hof Gottes. Im Buch Sacharja heißt es: »Der Hohepriester Josua stand vor dem Engel des Herrn, und der Satan stand zu seiner Rechten, um ihn zu verklagen.« Das Wort »Satan« kann man übersetzen mit »Ankläger«. Er ist etwas wie ein Staatsanwalt. Er hat seinen Auftrag von Gott. Er soll die Menschen beobachten, prüfen und am Ende anklagen vor Gottes Gericht. Im Buch Hiob bittet der Satan Gott, er möge ihm erlauben, den Hiob auf Herz und Nieren zu prüfen, ob sein Glaube echt sei. Gott erlaubt es ihm unter bestimmten Bedingungen, und der Satan hält sich an die Weisung Gottes. Wenn also der Satan einer ist unter den Dienern am Hof Gottes, dann kann er kein Feind Gottes und keine Gegenmacht gegen Gott sein. Dann ist er ein Aspekt Gottes selbst. Eine Art Funktion Gottes selbst.

Wo also haben das Böse, das Unrecht, das Schreckliche und die Versuchung ihren gemeinsamen Hintergrund? In einem Reich der Finsternis? Nein. In Gott selbst. Wenn wir die Bibel oder das Lebensschicksal Jesu verstehen wollen, müssen wir Folgendes begriffen haben: Gott kommt uns nicht nur als Licht entgegen, sondern auch als Finsternis. Und beides ist er selbst.

Wir sprechen ja vom christlichen Glauben als von einer monotheistischen Religion. Das heißt: Wir sagen, es ist nur ein Gott. Dieser Gott hat alle Macht. Er ist überall gegenwärtig. Es gibt nichts in der Welt, das nicht in seiner Hand läge. Das nicht er gibt. Als im 6. Jahrhundert vor Christus im Judentum zum ersten Mal der Gedanke gedacht wurde, es sei nur ein Gott, da brach dieses schwere und dunkle Problem sofort mit aller Schärfe auf. Da legt der zweite Jesaja Gott das Wort in den Mund:

> »Ich bin Gott, und außer mir ist keiner!
> Ich mache das Licht und ich schaffe die Finsternis.
> Ich gebe Frieden, und ich verhänge das Unheil.
> Ich bin Gott, der hinter allem steht.«
> (Jesaja 45,6–7)

Ein anderer sagt in derselben Zeit:

> »Wenn einer die Gefangenen in den Boden tritt, wenn er ihnen alle Rechte nimmt und alle Würde, wer kann dann sagen, dies geschehe ohne Gottes Befehl? Und es komme nicht Böses und Gutes gleichermaßen aus dem Willen des Allerhöchsten?«
> (Klagelieder 3,34–37)

Wenn das aber so ist, dann gibt es keinen Extra-Teufel. Dann ist der Versucher eine Erscheinungsweise Gottes selbst, und die Begegnung Jesu mit dem Versucher ist seine Begegnung mit dem Gott, der ihm seinen Auftrag gab. Und dann liegt beides, das Ja und das Nein zur Versuchung, in uns selbst. Und so redet die Bibel nun über Gott und den Menschen, dass Gott auch ein sehr dunkles Gesicht habe.

Aber das auszuhalten geht über Menschenkraft. Und so hat man in der christlichen Geschichte doch immer wieder einen Teufel gebraucht, weil man das dunkle Gesicht Gottes nicht aushielt. Es gilt aber auch für uns, was für Jesus in der

Wüste galt: von dem dunklen Gesicht Gottes zu dem lichten, hellen des Vaters im Himmel zu flüchten. Jesus sagt in der Wüste so: »Nein! Du selbst, Gott, hast mir etwas ganz anderes aufgetragen. Darauf berufe ich mich. Ich berufe mich auf dich, gegen dich selbst.« Von Jesus hören wir das Wort: »Ich sah den Satan vom Himmel fallen wie einen Blitz!« Das heißt: Den ihr den Satan nennt, der hat keine Macht über euch. Gott ist souverän. Sein Wille gilt.

Das alles ist keine Erfindung von heute. Einer, der wusste, wovon er redete, wenn er vom verborgenen, vom rätselhaften Gott sprach, Martin Luther, sagt so: »Gott hat zwei Gesichter. Das einer abgründigen Rätselhaftigkeit, unter der du nur leiden kannst, und das einer alles überstrahlenden Güte, die dich frei macht und dir deinen Weg zeigt. Wenn dich die Dunkelheit Gottes überfällt, dann flüchte zu dem Gesicht Gottes, dem du vertrauen kannst und der das Licht ist.«

Für Luther war dieser Gedanke die erlösende Energie seines Lebens, denn dadurch wurde für ihn die Dunkelheit begehbar. »Wenn du aber die Güte Gottes gesehen hast, dann steige in die Dunkelheit ab, dorthin, wo unzählig viele Menschen keinen Weg sehen, und zeige ihnen das Licht, das über ihrem Tal ist. Hilf ihnen, es zu sehen und sich ihm zuzuwenden, damit die Dunkelheit sie nicht verschlingt.«

Aber woher wusste Luther, dass er sich dieses Licht nicht einbildete? Es könnte doch sein, dass er in seiner Verzweiflung sich selbst einen Gott geschaffen hätte, der ihn vor dem dunklen Gott rettete? Wie kam er dazu, von einem freundlichen Gott zu reden? Er nahm seine Bibel vor und las nach, was da über jenen Jesus aus Nazareth zu lesen war, den sie den Christus nannten. »Christus« heißt ja nichts anderes, als dass dieser Mensch die Vollmacht gehabt habe, im Namen Gottes zu reden und ihn in der Gestalt eines Menschen darzustellen. Luther sagte also: »Dieser Mann hat über Gott mehr gewusst, als ich heute weiß. Ich traue es ihm zu. Ich will es ihm glauben. Ich will ihm immer dann zuhören, wenn ich mich fürchte oder wenn mir das dunkle Gesicht Gottes begegnet. Ich will zusehen, was er getan hat, wie er gestorben ist, und will davon ausgehen, dass das neue Leben, das er auferstehend gewonnen hat, keine Illusion ist, sondern die Wahrheit meiner eigenen Zukunft.«

Halten wir diesen Widerspruch aus? Wenn ein Forscher in der Physik an einen Sachverhalt gerät, für den er keine Erklärung hat, dann wird sich dieser Sachverhalt in einem Widerspruch zeigen. Er wird dann sagen: So ist es. Das ist klar. Und er wird hinzufügen: Es ist aber auch ganz anders. Und dieses Andere ist mit dem Ersten nicht zu verbinden. Der Widerspruch ist unaufhebbar. Er liegt jenseits der Grenzen meiner Erkenntnis.

Wenn ein Christ von Gott redet, also von einer Macht, die jenseits der Grenzen seiner Erkenntnis liegt, wird er sagen: Gott ist Licht. In ihm ist keine Finsternis. Er ist mein Vater. Er liebt mich. Und er wird hinzufügen: Und er ist Finsternis. Das ist ebenso wahr, auch wenn ich es nicht zusammenbringe. Gottes Gedanken sind nun einmal nicht unsere Gedanken, und seine Wege sind nicht unsere Wege. Wie aber beides zusammenzubringen ist, das weiß Gott allein. Und ich selbst stelle mir beim Gedanken an meinen nicht allzu fernen eigenen Tod vor, dass ich ein ungeheures Aha-Erlebnis haben werde und sagen: »Ach so! So ist es! So ganz anders, als ich es mir gedacht habe. Ja, so ist es gut.«

❀

Was kann ich aber tun, solange ich auf dieser Erde lebe? Ich kann Gott mein Elend klagen und dem Propheten Jona nachsprechen:

> »Du bist es, der mich in die Tiefe des Meeres warf. Was waren die Fluten, die mich erfassten? Es waren deine Wellen und Wogen, die über mich hereinbrachen.« (Jona 2,4)

Und danach kann ich den Schritt tun, den Jona tat:

> »Du Gott, rettest mich. Du wirst mich erlösen. Wenn ich verzage, so denke ich an dich. Ich weiß, mein Gebet dringt zu dir, und einmal werde ich dir noch danken! Ja, das werde ich tun. Denn das ist gewiss: Du hilfst mir.« (Jona 2,8)

❀

Nun sind wir wieder in unserer Wüstengeschichte. Als Jesus aus der Wüste zu den Menschen in den Dörfern von Galiläa kam, da sah er, wie sie sich durch ihr Leben schleppten, beladen mit Angst. Beladen mit schweren Gedanken. Beladen mit endloser Mühe und Arbeit, beladen auch mit ihren Vorwürfen gegen den Gott, den sie nicht verstehen konnten, und – was am schwersten wog – mit dem, was in ihrem Leben danebengegangen war und was auf ihrer Seele als Schuld und Versäumnis lastete. Und da sagte er sein berühmtes Wort:

> »Kommt her, ihr Überanstrengten, ich will euch eure Last abnehmen. Ich will euch helfen, sie zu tragen. Aufatmen sollt ihr und frei werden.« (Matthäus 11,28)

Und wenn er ihnen das Vaterunser gibt, in dem es heißt: »Führe uns nicht in Versuchung«, dann legt er ihnen damit die Worte in den Mund:

Es geschieht in dieser Welt so viel, dessen Sinn wir nicht verstehen. Wir wissen überhaupt nicht, ob unser Dasein irgendeinen Sinn hat. Bewahre uns davor, zu sagen: Es ist alles sinnlos. Es wird so unendlich viel und täglich gelogen, gefälscht, getäuscht. Bewahre uns davor, zu sagen: Es gibt keine Wahrheit. Es gibt so viel Leid und Elend überall. Während ich dies sage, gehen Hunderttausende zugrunde in den Flüchtlingslagern dieser Erde, am Hunger und an Krankheiten. So viel Leid geschieht, so viel Unheil. Bewahre uns davor, zu sagen: Es gibt keinen Gott, der es wahrnimmt. Denn das ist die Versuchung, die uns in Gefahr bringt. So viel Gewalt tobt sich aus, so viel Bosheit. Bewahre uns davor, zu sagen: Das Böse hat die Macht. Die Gewalt hat recht. Denn das wiederum ist die Versuchung, die uns in Gefahr bringt.

Führe uns nicht in die Versuchung, an deiner Nähe zu zweifeln, an deiner Macht und Herrschaft. Führe uns nicht in die Versuchung, die Lüge für mächtiger zu halten als dich, das Unrecht für stärker als deine Gerechtigkeit. Führe uns nicht in die Versuchung, deine Hand loszulassen, uns in der Welt einzurichten und uns mit Lüge, Gewalt und Unrecht abzufinden. Halte du unsere Hand fest, Vater im Himmel! Denn uns will scheinen, es sei kein Richter in der Welt, auch du nicht, Gott. Wir bitten dich dringend: Löse die Gewalt, mit der das Böse oder der Böse, gleichviel, uns im Griff hat. Mach uns frei von allen Gewalten außer dir. Wir sehen sonst keine Hoffnung, und es bleibt uns sonst nur der Untergang in der Verzweiflung. Das ist unsere Versuchung.

Denn – und das sagen wir mit den letzten Worten des Vaterunsers: Wir möchten trotz allem daran glauben, dass du bist, dass du die Macht hast, dass du uns wohlgesonnen bist, dass wir uns auf dich verlassen können und dass du uns einer Zukunft entgegenführst, in der wir dich sehen werden und eine erlöste Welt zugleich.

Und was uns selbst betrifft: Vater! Erlöse uns von dem Bösen, das uns gefangen hält wie in Ketten. Befreie uns von der dunklen Macht, die wir den Versucher nennen. Befreie uns vor allem von uns selbst, du kannst es! Wir wissen, dass du es kannst – und dass du es tun wirst! So spricht Jesus uns am Ende vor: Dein ist das Reich, in das wir eingehen werden als deine freien Kinder. Dein ist die Macht, die allen Mächten ihr Ende setzt. Dein ist die Herrlichkeit, schließen wir. Dein ist die unbegrenzte Größe und Souveränität, von der wir Menschen mit unserem kleinen Gehirn nicht den Schatten einer Ahnung haben.

❀

Unsere Geschichte von der Versuchung Jesu in der Wüste wiederholt sich eines Tages für die Menschen, die zum Kreis seiner Freunde gehören. Und dort wird auch ganz deutlich, was sie für uns bedeutet. Es ist die Geschichte, wie die Begleiter Jesu in einer Nacht bei Sturm über das Galiläische Meer fahren und in Seenot geraten. Während sie nun in ihrem Fischerboot in der Finsternis mit den Wellen kämpfen, sehen sie etwas: eine Gestalt, die sich in ihrer Helligkeit ein wenig aus der Dunkelheit heraushebt. Und die Angst packt sie: ein Gespenst! Eine finstere Macht. Der Tod! Aber da hören sie aus der Dunkelheit und aus dem Heulen der Elemente die vertraute Stimme: »Ich bin's! Fürchtet euch nicht!« Da war Christus, der Meister, bei ihnen. Und das Meer wurde still.

Es hat wenig Sinn, an Erfahrungen dieser Art herumzufragen, ob sie denn möglich seien. Erfahrungen dieser Art kommen von außen, wo Nacht, Sturm und Meer sind. Und sie kommen von innen, wo ein Mensch in den Bildern von Sturm, Meer und Nacht seine Rettung erfährt. Am Ende ist unwichtig, was außen und was innen geschah, denn es ist tatsächlich alles anders geworden: Es ist einer da. Der Sturm ist nicht souverän. Das Schiff hält stand. Der Morgen kommt, und der Meerfahrer macht sein Boot fest. Die Seele geht nicht unter. Der Christus geht über dem Chaos im Grund der Seele frei über den Wassern und sagt: Ich bin das Licht der Welt. Jean Gebser sagt: »Die erste große, gänzlich in sich gesicherte Helligkeit ist damit in der Menschheit zum Durchbruch gekommen, jene Helligkeit, die es zum ersten Mal auszusprechen wagen darf, dass sie das Dunkle, das Leid der Welt, auf sich zu nehmen wage.«

»Ich bin's!«, sagt der Christus vom See Genezareth. »Mitten in dem, was dir Angst macht, bin ich. Fürchtest du den Sturm? Es ist nicht der Teufel. Ich bin's. Fürchtest du, was kommt? Ich bin's. Fürchtest du die Krankheit? Ich bin's. Fürchtest du deinen Tod? Das ist nicht der Teufel. Ich bin's. Ich bin die Tür!«

Einer der Iren, die vor mehr als tausend Jahren auf ihren kleinen Booten den Nordatlantik befuhren, hat uns ein Gebet hinterlassen, das so lautet:

»Willst du meine brüchige schwarze Barke steuern
über die Gischt des dunklen, weiten Ozeans?

Willst du, Herr, in mein Boot kommen,
in dem auf See mein Wille sonst irrte?

Denn du bist es, der festlegt,
wann das Leben eines Menschen endet,
dem Regen gleich.

Gott, gewähre mir deine Hilfe,
der du über das aufschäumende Meer kommst!«

❀

Noch eine kurze Szene zum Schluss: Es ist schon eine Reihe von Jahren her, als noch nicht klar war, ob die Theologie der Befreiung in den Ländern Südamerikas nicht vielleicht doch auch einem Christen den Kampf mit der Waffe erlaube. Ein Mann in den Vierzigern saß mir gegenüber. Pfarrer in Argentinien. Fünf Jahre Gefängnis lagen hinter ihm und seiner Frau. Quälereien, Folterungen. Sie waren, leidenschaftlich für die Erneuerung der sozialen Verhältnisse in ihrem Land und Kontinent engagiert, den Herrschenden gefährlich geworden.

Wir sprachen über die sogenannte Theologie der Revolution. War es möglich, war es erlaubt, war es vielleicht gar geboten für Christen mit wachen politischen Sinnen, um der Veränderung der Verhältnisse willen zur Gewalt, zum Kampf im Untergrund überzugehen? Er schüttelte den Kopf: »Nein, die Gewalt ist es nicht. Der Umsturz ist es nicht. Die Theologie der Revolution ist vorbei. Damit sind wir gescheitert. Vielleicht haben das manche unserer Freunde in Europa noch nicht gemerkt. In der Revolution liegt keine Hoffnung mehr. Diese Versuchung haben wir hinter uns.« Der Mann wirkte keineswegs resigniert, sondern eher fröhlich und aktiv, gespannt und voller Pläne. Er war aus seinem Land ausgesperrt und verbrachte die Zeit, bis sich ihm wieder ein Weg nach Hause öffnete, in einer Gemeinde in Frankreich.

»Es gab eine Zeit«, so fuhr er fort, »da waren wir Fachleute in Sozialpolitik, und fast verloren wir die Maßstäbe des Glaubens dabei. Inzwischen haben wir wieder entdeckt, was es heißt, zu glauben. Es war kein Weg mehr sichtbar – und nun zeigt sich plötzlich ein Weg. Ein neuer Raum, mitten in der Gefangenschaft. Aber diesen Weg, diesen Raum eröffnet nur Gott selbst. Die Welt war uns ein Tummelplatz von Terror, Gewalt und Menschenschinderei gewesen. Sie wurde uns wieder – gegen allen Augenschein – zu einem Haus Gottes. Man muss in der Wüste gewesen sein, um zu begreifen, dass dies die Welt Gottes ist, die Welt, in der Gott wirkt. Wir entdecken, was wir gewusst, aber nicht mehr praktiziert hatten: dass es Gott ist, der in allen Dingen, auch in allen sozialen und politischen, wirkt. Man muss in der Wüste leben, um zu wissen, dass wir es nirgends mit Feinden, sondern überall mit Gott zu tun haben. Und das heißt für uns, dass wir keine Angst nötig haben. Politisch wirken heißt, gelassen und behutsam mitverantworten, was in dieser Welt geschieht. So wird die Welt frei vom Zugriff des Menschen, und es offenbart sich, dass sie die Welt Gottes und des Menschen ist. Dass wir selbst freie Menschen sind und den anderen die Freiheit bringen.«

❀

Die Bibel gibt uns ein Lied, das wir nachsingen können. Den 121. Psalm. Er gehört zu den Worten des Vertrauens, die sich dafür eignen, dass wir sie mit unseren eigenen Worten nachsprechen, so, wie es uns unser gegenwärtiges Leben naheliegt. Dann lautet er so:

»Nein, ich will nicht verzagen, Gott.
Ich will den Kopf nicht hängen lassen.
Ich will ihn heben und aufsehen zu dir.

Wer soll mir helfen? Das kannst allein du.
Du hast den Himmel gemacht und die Erde,
und auch mein kleines Schicksal liegt in deiner Hand.

Du gibst meinem Schritt Klarheit und Frieden.
Du bist selbst der Weg, den ich gehe.
Vor mir liegt mein Ziel.

Du behütest mich, auch wenn ich meine,
du seiest in weiter Ferne.
Du bist neben mir, über mir, in mir.

Du, Vater, begleitest mich wie ein großer Schatten.
Du bist über mir wie ein Schutz,
wenn ich durch eine heiße Wüste wandere.

Keine Gefahr kann mir drohen
bei Tage, wenn ich mein Werk tue
und die Menschen um mich sind.

Und bei Nacht, wenn ich einsam bin,
wenn Zweifel mein Herz füllt
oder Schuld mich quält.

Du behütest alle meine Anfänge,
die ich versuche, und alles,
was ich abschließe und vollende.

Du bist um mich, wenn ich aufbreche
und wenn ich heimkehre.
Darauf verlasse ich mich.

Und das gilt für diesen Tag ebenso
wie für alle Ewigkeit.«

7
Sinn und Gestalt des Segens
Düsseldorf 1985

Wir feiern keinen Gottesdienst, an dessen Ende nicht ein Segen gesprochen würde. Ein altes, vielleicht uraltes Wort, das seine segnende Wirkung an uns tun soll und will. Aber wissen wir, was das ist, ein Segen?

An jenem ältesten Uranfang der Geschichte des biblischen Volks, als Gott den Urvater Israels aus seiner Familie und seiner Stadt herausrief auf seinen einsamen Weg, lesen wir von einem Wort Gottes an ihn: Ich will dich segnen, und du sollst ein Segen sein. Was heißt das, segnen – und was heißt »ein Segen sein«?

Nehmen wir an: Ein Acker ist trocken. Es liegt Saat in ihm, aber er ist trocken. So wächst nichts. Nun setzt Regen ein, die Saat geht auf und wächst. Der Regen segnet, das heißt: er hilft, dass etwas aufgeht, dass etwas wächst, dass etwas gedeiht. Wenn Gott seinen Segen über uns ausspricht, dann wächst etwas in uns, es gedeiht etwas, es reift Frucht. Es wächst aus Arbeit und Leid, aus Fröhlichkeit und Stille die Frucht für dieses Leben und für die Ewigkeit. Der Same springt auf und wird frei, und aus einer Erde, aus der scheinbar nichts zu erwarten war, wächst Vertrauen, wächst Dankbarkeit.

Wenn Segen über einem Leben waltet, hat es Sinn. Es gedeiht. Es wächst. Es wirkt lösend, fördernd, befreiend auf andere. Versuche glücken, Werke gelingen. Die Mühe zehrt das Leben nicht aus, sie ist sinnvoll und bringt ihre Frucht. Am Ende steht nicht die Resignation, sondern eine Ernte. Ein alternder Mensch, dessen Leben gesegnet ist, geht nicht zugrunde, er reift vielmehr, wird klarer und freier und stirbt am Ende »lebenssatt«, wie einer von einer guten Mahlzeit aufsteht.

Segen ist ein Geschehen, nahe verwandt dem, was wir »Gnade« nennen. Denn man kann Segen nicht machen, man kann ihn nur empfangen und vielleicht auch weitergeben. Aber er entzieht sich aller Planung. Er kommt oder er kommt nicht, wie der Regen über ein Feld kommt oder nicht kommt.

Ob ein Mensch dem begegnet, den er lieben kann, das kann er nicht machen. Es ist Gnade. Und sein Leben wird gesegnet. Alles Begegnen ist Gnade, alles Finden und Zusammenbleiben, alle Bewahrung vor Gefahr und Unheil, aller Friede ist Gnade.

Ob ein Mensch zu seiner eigenen, eigentlichen Gestalt heranreifen darf, das kann er nicht machen. Er darf es aber, wenn es ihm widerfährt, dankbar empfangen. Ob sein Werk gelingt, ob er bewahrt bleibt vor schwerer Verschuldung, das ist Gnade. Und es ist Gnade, wenn die Kräfte des Wachstums, der Lebendigkeit, der schöpferischen Vitalität erwachen. Es ist Zeichen eines Segens, der sozusagen von oben kommt und nicht gewollt und nicht gemacht werden kann.

Und Gnade ist es, wenn Menschen einander einen solchen Segen weiterreichen dürfen, etwa wenn der eine zum anderen sagt: Es segne und behüte dich Gott der Allmächtige und Barmherzige, Vater, Sohn und Heiliger Geist.

Alle diese Gestalten des Segens sprechen von einem Zusammenhang zwischen Geist, Seele und Leib, zwischen Gott und Welt, Sichtbarem und Unsichtbarem. Immer hat es der Segen mit der Einwirkung einer geistigen Kraft auf leibliches, sichtbares, konkretes Leben zu tun. Immer erfüllt er sinnhaftes, irdisches Leben mit einem Sinn, der anderswo herkommt. Immer bindet der Segen die Materie an den Geist, den Leib an die Seele, die Sinne an den Willen und an die Klarheit dessen, der diese Welt geschaffen hat und durchwirkt.

Wenn uns heute der Gedanke, unser Leben könne gesegnet sein oder wir könnten anderen Menschen mit einem Segen beistehen, fremd geworden ist, fern und abseitig, dann mag das seine Ursache in der seltsamen Entfremdung haben, in der für uns das leibliche, erdhafte Leben von der Welt unseres Glaubens steht. In der seltsamen Spaltung zwischen Gott und der Erde.

Unser Glaube hat so wenig mehr mit den Sinnen zu tun, mit denen wir die Erde und das elementare Leben wahrnehmen, und mit den Kräften, mit denen wir uns auf dieser Erde durchsetzen. Politik hat meist nichts mit dem Glauben zu tun, Wirtschaft nicht, Kunst nicht, Urlaub und Freizeit nicht, und alles, was mit den Erfahrungen unserer Sinne zu tun hat, erst recht nicht. Segen aber bewirkt, dass dies alles zu einem ganzen, vollen und runden Dasein zusammenschmilzt und so seine gemeinsame Lebensgestalt findet. Und doch ist es gar nicht so schwer zu verstehen. Wenn ich eine Pflanze begieße, segne ich sie, das heißt, ich helfe ihr zu Gedeihen und Wachstum. Wenn ich einen Menschen liebe, segne ich ihn, helfe ihm an Leib und Seele und Geist zu seiner eigentlichen Gestalt. Vielleicht sollten wir einmal darauf achten, wie sinnenhaft es zugeht, wenn Jesus über die spricht, die er selig nennt, oder über die, die sich seinem Wort zuwenden.

Wenn ich Jesus zuhöre, bin ich der Erde sehr nahe. Dann höre ich ihn von einem Acker reden, von einer Quelle, von Bäumen und Blumen, von Sturm und Unwetter, vom Abendrot oder vom Licht oder vom Feuer, von Brot und Wein, von den Fischen im See oder den Schafherden in der Steppe und von den Menschen auf den staubigen Straßen seiner Heimat. Er hat wohl selten aus einem Buch vorgelesen. Offenbar ging er davon aus, dass Himmel und Erde einander näher seien, als wir meinen, dass dort wie hier die gleichen Kräfte und Gesetze am Werk seien, in der sichtbaren wie in der unsichtbaren Welt, und wollte mit allen seinen Reden auch sagen: Wenn du das Unsichtbare begreifen willst, dann tue die Augen und Ohren auf, nimm wahr, was nahe bei dir, hier auf dieser Erde geschieht. Er hat nie eine Religion vertreten, die im Kult allein stattfindet oder in den Gedanken allein, eine Religion, die keine Erdberührung hat und an dieser Erde nichts bewirkt.

Ich glaube darum nicht, dass Jesus von denen verstanden werden kann, die ihren Empfindungen misstrauen, ihre Erfahrungen verdrängen oder ihre Sinne in ihre Gedanken einzäunen und sich, wenn es um ihren Glauben und um den Sinn ihres Daseins geht, allein auf ihren angeblich so klaren Kopf verlassen möchten.

Ist es nicht ein Elend, wie wenig wir mit unseren fünf Sinnen anfangen können, gerade wir Christen, mit den Sinnen, die uns Gott gegeben hat? »Wer Ohren hat, höre!«, sagt Jesus. »Siehe!«, sagt er. »Schmecket und sehet, wie freundlich der Herr ist«, sagt Psalm 34,9. Vom »Duft der Erkenntnis Gottes« spricht Paulus. Und Johannes bekennt: »Wir haben das Wort des Lebens mit unseren Ohren gehört, mit unseren Augen gesehen, mit unseren Händen betastet« (1 Johannes 1,1). Sie lebten in ihren fünf Sinnen. Ach, was sage ich – fünf Sinne! Ich habe mindestens ein Dutzend!

Ich fühle die Wärme der Sonne oder des Feuers. Ich empfinde das Gewicht, mit dem ich auf meinen Füßen stehe. Ich fühle, ob ich im Gleichgewicht bin gegenüber den Kräften der Erde. Ich weiß, was Raum ist und was Größe oder Kleinheit, und unterscheide, was rasch vorbeigeht und was langsam lebt, ich messe Stunden und Augenblicke, Tage und Nächte. Ich empfinde Schmerz, wenn ich mich verletze, ich fühle Müdigkeit und lege mich schlafen. Und hat nicht die Liebe ihren eigenen wunderbaren Weg zur Ekstase, ihren eigenen »Sinn«? Ich atme und fühle den Raum in mir selbst. Ich spreche und forme Laute, Töne, Worte hinaus in den offenen Raum draußen. Ich sehe, was auf mich zukommt, und ängste mich. Ich sehe, was anderen widerfährt, und empfinde die Gefahr. Oder ich ahne: Morgen geschieht ein Unheil. Ich berühre die Hand oder die Haut eines anderen Menschen und weiß: Ich kann vertrauen.

Wo sind denn alle diese Sinne geblieben in unserer armen, modernen Welt? Ist es ein Wunder, dass uns der Mut verlassen hat, vom Sinn unseres Lebens – es ist ja nicht von ungefähr dasselbe Wort – Großes zu erwarten? Da uns doch die Wege dahin, die vielen Sinne, die reden, zeigen, deuten, führen wollen, verstellt sind? Da wir doch den inneren Ton in uns selbst und den äußeren um uns her in den Geschöpfen Gottes nicht mehr vernehmen?

Ist es ein Wunder, wenn wir hilflos vor den Aufgaben stehen, die unsere Zeit uns stellt, da doch die Instrumente, mit denen wir sie erkennen und erfüllen sollen, nicht taugen? Gott hat uns in den Sinnen geschaffen, in einem unendlich feinen Netzwerk von Fühlen und Empfinden, von Denken, von Wissen und Erinnern, Aufnehmen und Antworten, von Sein und Werden, von Störung und Heilung, von Freude und Weinen, Liebe und Neugier, Spiel und Kampf und allen Instrumenten, die wir brauchen, und wir tun so, als besäßen wir nichts als den kleinen, sehr kleinen Verstand, mit dem wir die Geheimnisse des Daseins nachrechnen möchten wie das kleine Einmaleins. Und am Ende betrachten wir es noch als Erweis unseres Glaubens, wenn wir auf dieser Erde umherlaufen, als wären wir heimatlos unter den Geschöpfen Gottes. Und es ist uns doch so viel zugedacht.

Alles, was wahr ist, spiegelt sich in den Bildern, die die Erde hat. Alles, was wir begreifen sollen, müssen wir greifen, wie man eine Handvoll Erde aufnimmt oder ein Werkzeug fasst, einen Stein in der Hand hat oder ein Stück Eis in ihr schmelzen lässt, ein Brot bricht oder die Hand eines Menschen wärmt. Was wahr ist, muss sich öffnen wie ein Fenster, das einen Blick freigibt auf ein weites Land, oder wie eine Tür, durch die man tritt. Darum redet die Bibel von dem, was wir nicht sehen, immer in Bild und Gleichnis. Sie redet von Gottes Geist und erinnert uns an das, was wir von Wind, Sturm oder Feuer wissen. Sie redet von Gottes Reich, als wachse es wie ein Weizenfeld aus der Erde. Die erdnahen und erdhaften Bilder sind das Ende der Wege, die Gott mit unserem Nachdenken geht. Es sind die Bilder, die wir im Geviert unseres irdischen Lebens erwandern können.

Unsere Voreltern sprachen von vier Elementen, von Erde, Wasser, Luft und Feuer. Indem sie dem Geheimnis dieser Elemente mit allen Sinnen, mit Ahnung und Fantasie, nachgingen, fanden sie tiefere Wahrheiten, als wir heute finden, wo wir der Wahrheit unseres Daseins auf die Spur kommen sollen. Wir evangelischen Christen haben eine Zeit hinter uns, in der uns mit großem Nachdruck gelehrt wurde, der Glaube gewinne nichts durch das, was er aus dem »Buch der Natur« lernen könne. Er sei vielmehr ausschließlich an das »Wort« gewiesen. »Wort« aber sei nur, was in das Gefäß der Sprache gegossen sei. Der Glaube habe sich an die grundlegende und abschließende, große Offenbarung Gottes zu halten, wie sie uns in Jesus Christus begegne, wer aber sich angesichts der Schönheit und Weisheit der Schöpfung Gott nahe fühle, der lebe näher am primitiven Heidentum als an der in Christus offenbarten Wahrheit.

Ich habe mir solche Gedanken, wie es meine Pflicht war, mit vielen anderen zusammen eingeprägt. Aber ich befand mich dabei immer in einer Art Spaltung des Bewusstseins. Denn ich wusste, seit ich als Kind anfing zu denken, dass der Gott, von dem ich Jesus Christus sprechen hörte, mich umgab an Leib und Seele, gegenwärtig in allem, was ich sah, was um mich her lebendig war, und in allem, was mir durch Kopf und Herz ging. Für mich war Gott immer schon ein naher Gott und nicht der fremde, ganz andere, und außerhalb seiner konnte ich mir nichts denken.

Und dies, diese Nähe zu allem, was wachsen und gedeihen und blühen und Frucht bringen will, müssen wir erfahren haben, wenn uns das Wort »Segen« etwas sagen soll. Wir sind Wesen dieser Erde, und wer die Erde verstehen will, der wird seine Lebendigkeit einbringen müssen, mehr als seine Kenntnis. Wer der Welt gegenübersteht, wird sie nicht begreifen. Er ist ein Teil von ihr, und sein Wesen ist eins mit dem Wesen aller Dinge. Und sein Herz muss so groß sein, dass es Raum hat für das Geheimnis, das in allen Dingen ist.

Aus dem Anfang heraus, in dem Gott sprach, lebt die Schöpfung. Nach ihrem eigenen Rhythmus, aus der ihr eingestifteten Kraft aus Gott. Aus der ihr gegebenen Fruchtbarkeit, in der Lebendigkeit von Schlaf und Erwachen, von Zerstörung und Wiederentstehung, sensibler, als je ein Mensch wird begreifen können. Aber eben diesen Menschen setzt Gott, sagt die Bibel, in den Garten mit dem Auftrag, ihn zu bebauen und zu bewahren. Als Gärtner und Heger. Damit unter den Geschöpfen ein Auge sei und ein Herz für die Schwestern und Brüder, die eines Auges und eines Herzens bedürfen.

Und in dieser von Gott gestifteten Schöpfung soll nun unser Leben gesegnet sein, das heißt, teilhaben an dem leiblichen und seelischen und geistigen Wachstum, das das Leben der Schöpfung in seiner großen Bewegung hält. Wir sind ja selbst Erde. Wir sind selbst, was wir sehen, was wir hören, schmecken und riechen. Wir durchwandern uns selbst, wenn wir über die Erde hingehen. Und wie an ihr soll in uns etwas wachsen, aufgehen, blühen und reifen. Es liegt viel in dem tiefsinnigen Gleichnis, in dem Jesus das Himmelreich mit dem Bild eines Ackers verbindet. Denn offenbar wirken dieselben Kräfte und Gesetze im Acker wie im Himmelreich.

❀

Und so sollen wir wohl auch mit den Gleichnissen leben, die Jesus uns erzählt. Wenn er etwa sagt: Das Himmelreich ist gleich einem Acker. Oder gleich einem Schatz, in einem Acker verborgen. Es ist wie ein Samenkorn, das aufgeht und zu einem Baum wird. Es ist wie ein Getreidefeld, das seinen Ertrag bringt.

»Das bin ich!«, sagt Jesus zu seinen Freunden und deutet auf einen Weinstock. Der steht da, in die Erde eingewurzelt, verwachsen mit dem übrigen Wurzelwerk, in Reben sich verzweigend, behangen mit seinen Trauben. »Mein Vater«, sagt er, »ist der Bauer.« Das heißt wörtlich: der an der Erde arbeitet. Der Weinstock wächst aus der Erde, und Gott arbeitet an ihm. Und ihr, so wendet Jesus sich an seine Zuhörer, seid die Reben, die letzten Zweige, an denen die Frucht wächst: der Ertrag der Arbeit, die Gott an dieser Erde tut. Ihr sollt durchlässig sein für den Saft, der die Frucht hervortreibt. Ihr sollt den Weinstock, an dem ihr lebt, nicht hindern und seine Kraft an die Frucht weiterreichen.

»Mein Vater ist der Bauer.« Darin liegt keine Sehnsucht nach Vergeistigung oder Entweltlichung des Glaubens, sondern ein starkes, gesundes, kräftiges Lebensgefühl. Ein Zutrauen zu der Kraft, aus der man lebt. Ein Zutrauen, dass aus der Mühe des Tages Frucht wächst und dass diese Frucht von Gott gewirkt ist. Dass es also gut ist, den Tag und seine Mühsal anzunehmen. Nun ist an drei Stellen im Evangelium die Rede von einem Segen, den Jesus gesprochen habe, und überall bleiben wir voll und ganz in der erdhaften Gleichnissprache und in den Bildern von Wachstum und Fruchtbarkeit, die in ihr gemalt werden. Wir lesen da:

> »Man brachte Kinder zu Jesus, damit er sie berühre, aber die Jünger trieben die Leute mit den Kindern weg. Als Jesus das sah, wurde er unwillig: Lasst die Kinder zu mir! Hindert sie nicht! Das Reich Gottes ist denen bestimmt, die wie diese Kinder sind. Und er herzte sie, legte ihnen die Hände auf und segnete sie« (Markus 10,13–16).

Wenn Jesus Kinder segnet, dann sagt er damit: Gott lasse euch wachsen und gedeihen. Er gebe euch Glück. Er mache eure Hoffnungen wahr. Er gebe euch Frieden. Er gebe euch das Wohl des Leibes und das Heil der Seele. Er mache euch zu reifen, erwachsenen Menschen, zu Söhnen und Töchtern Gottes, denen der Sinn und Wert ihres Lebens gewiss ist.

Ein zweiter Segen ist von Jesus berichtet: An dem Abend, als er mit den Seinen in einem Haus in Jerusalem das Passa feierte, segnete er den Becher Wein, wie jeder Hausvater in jener Stunde es tat. Der Wein ist ein Zeichen des Fests. Dazu aber reichte und segnete Jesus das Brot. »Brot« – das ist seit Urzeiten ein Symbol für die Mühsal, in der der Mensch sich seine Nahrung aus der Erde holt, aus jener Erde, von der er selbst genommen ist und zu der er am Ende zurückkehrt. Dieses Zeichen der Mühe, des Leidens und des Todes segnete Jesus zugleich mit dem Wein des Fests, und er gab die Deutung dazu:

»Das Weizenkorn kann nur Frucht bringen, wenn es zuvor in die Erde fällt und stirbt« (Johannes 12,24).

Er segnet also das Opfer, die Hingabe, die Rätsel und die Schmerzen, damit Frucht aus ihnen erwächst. Er segnet sie, damit sich der Fluch in Gelingen wandelt. Denn, so sagt er, das Leben findet nicht, wer es an sich reißt, sondern wer es hingibt. Jesus gibt damit seinem eigenen Tod die Deutung und spricht dem, der an seinem Tisch sitzt, die »Gnade« Gottes zu. Gnade hat ja mit der Last zu tun, die ein Mensch sich selbst ist. Sie hat mit seinem Verschulden zu tun, mit dem er sich selbst und andere verletzt, und mit dem Gesetz, dass alle Schuld Folgen hat. Die Gnade bewahrt davor, dass eine Tat auf den Täter zurückfällt. Sie hebt den Schuldspruch auf, den ein Mensch über sich selbst fällen müsste, sähe er sich mit den Augen Gottes. Die Gnade ist eins mit dem Segen. Die Gnade beseitigt das Hindernis des Gedeihens, der Segen schafft das Gedeihen selbst.

In den Berichten über die Begegnungen der Jünger mit Jesus nach seinem Tode ist von einem dritten Segen die Rede:

»Er führte sie hinaus nach Betanien, hob die Hände und segnete sie. Segnend schied er von ihnen und fuhr auf zum Himmel. Sie aber kehrten nach Jerusalem zurück, von Freude erfüllt, und waren von da an ständig im Tempel, Gott rühmend« (Lukas 24,50–53).

Der Segen von Betanien war die Übergabe eines Auftrags und ein Akt der Befähigung. Die Jünger übernahmen in jener Stunde Jesu eigenes Amt:

> »Gott hat mich gesandt, den Armen zu sagen, dass Gott sie liebt, die verwundeten Herzen zu verbinden, den Gefangenen die Freiheit zu bringen und den Blinden das Licht, die Misshandelten zu erlösen und auszurufen: Dies will Gott!« (Lukas 4,18).

Dieser letzte Segen war Abschied und war Einsetzung in ein Amt zugleich, das Amt, das aus den Armen reiche Menschen schaffen soll, aus Kranken Gesunde, aus Blinden Sehende, aus Misshandelten Glückliche.

Wenn Jesus die Kinder segnet, dann umarmt er sie und legt ihnen die Hände auf – eine Geste der Liebe und des Zutrauens in ihre kleine Kraft. Und wenn wir seinen Segen weitergeben wollen, so nehmen wir unser Kind in den Arm und sprechen oder denken: »Gott segne dich, mein Kind.« Damit sagen wir nicht nur etwas Schönes, sondern etwas Wichtiges auch für unsere Beziehung zu ihm. Wichtig ist nicht, was ich über dich denke, über deine Zukunft, über deine Begabungen, darüber, was du werden sollst und wie dein Leben sich abspielen soll. Meine Gedanken und Pläne sind unwichtig. Wichtig ist allein, was Gott in dich hineingelegt hat. Meine Aufgabe kann nur sein, dich so zu schützen, dass unter dem Segen Gottes aufgehen kann, was in dir liegt. Meine Gedanken können nur der Sonnenschein und der Regen sein, die dir den Segen Gottes bringen. Und wenn mein Kind heranwächst, ist wieder nicht wichtig, was andere Leute von ihm erwarten oder was ich mir unter seinem Wesen und Leben vorstelle, sondern allein, dass der Keim, den Gott in seinen Geist und sein Herz gelegt hat, aufgeht und das Kind bei seinem Eigensten bleibt.

Wenn wir alt werden, dann ist wiederum nicht wichtig, ob wir unsere Pläne verwirklicht und unsere Ziele erreicht haben, ob sich die Leistung unseres Lebens sehen lassen kann oder nicht, sondern nur, ob der neue Mensch, der im

Laufe unseres Lebens in uns wachsen sollte, seine Gestalt erreicht hat. Jener neue Mensch, der immer mehr Christusähnlichkeit gewonnen hat. Und dabei ist wieder nicht wichtig, ob wir selbst diesen neuen Menschen wahrnehmen, sondern nur, ob er für Gottes Augen sichtbar geworden ist, für Gott, der ihn hat entstehen lassen.

Wissen wir etwas vom Segen Gottes, dann sind wir unseren Kindern gegenüber von größerer Gelassenheit, und wir sind von großer Gelassenheit auch dem Ertrag unseres eigenen Lebens gegenüber. Wir sind es nicht, die ihn hervorbringen mussten, und wir sind es nicht, die beurteilen können, was denn letzten Endes herauskam. Wir nehmen das Dasein unseres Kindes aus der Hand Gottes und übergeben den Ertrag unseres eigenen Lebens in seine Hand zurück und wissen: Was wert sein wird zu bleiben, das muss im einen und im anderen Fall immer Gott selbst bewirken. Der Segen Gottes.

❀

Wir Menschen pflegen immer und immer wieder mit großer Hartnäckigkeit die aussichtslose Frage zu stellen, was denn der Sinn unseres Lebens sei. Jahre unserer Jugend pflegen wir mit dieser Frage zuzubringen, so lange, bis die meisten unter uns die Frage fallen lassen, weil es eine Antwort ja doch nicht gebe. Und in der Tat: Könnten wir den Sinn unseres Lebens beschreiben, so müssten wir den Überblick haben über das Dasein überhaupt. Wir müssten an der Stelle Gottes sitzen und das Ganze überschauen. Dann könnten wir sagen: Der Sinn dieses oder jenes Daseins im Zusammenspiel des Ganzen ist dieser oder dieser. Die Frage nach dem Sinn unseres Daseins mag unausweichlich sein, aber sie ist dazu verurteilt, ohne Antwort zu bleiben. An der Stelle aber, an der man allgemein vom »Sinn des Lebens« redet, sprechen wir Christen vom Segen Gottes, jener formenden und Frucht schaffenden Kraft, die allein jene Zielgestalt eines Daseins zu bewirken vermag, die wir meinen, wenn wir vom »Sinn« sprechen.

❀

Den zweiten Segen spricht Jesus über den Elementen des heiligen Mahles. Und Paulus erinnert an die Szene mit dem Wort: »Der gesegnete Kelch, den wir segnen, ist er nicht die Gemeinschaft mit dem Blut des Christus?« Jesus setzt also das gesegnete Korn des Brotes zum Zeichen des lebendigen Brotes, das aus dem Opfergang des Korns entstehen soll, und den Weinstock zum Zeichen des lebendigen Weins, aus dem die Freude des ewigen Festes kommt.

Indem Jesus das Brot und den Wein reicht, verwandelt er die natürlichen irdischen Elemente in ein Mysterium. Aus gewöhnlicher Nahrung wird ein Bild der Erlösung, ein Bild für Leben, für Fest, für Gemeinschaft, für Geborgenheit, für die Zuverlässigkeit des Gastgebers. Aus einer gewöhnlichen Versammlung von Gästen wird das Volk Gottes. Und die Gemeinschaft dieses Volkes Gottes wird verglichen mit einer Braut, also jenem glücklichen, anfangenden Menschen, der in der Hoffnung lebt auf das Kind, auf Wachstum und Fruchtbringen und der aus dem Segen sein Leben hat. Die Eucharistie aber, die gesegneten Elemente des heiligen Mahls, wird zu Speise und Trank für das neu entstehende Leben.

❀

Wenn Jesus aber die Jünger zum Abschied segnet, dann hebt er die Hände auf mit der Geste des Empfangens und des Weitergebens, damit die Jünger das, was sie empfangen haben, weitergeben wie er selbst. Der Keim des Gottesreiches soll in die Erde gesenkt werden – nicht nur ins Herz der Menschen, sondern in die Geschichte dieser Erde überhaupt. Wir aber, sagt Jesus, sollen unsererseits segnen, und zwar nicht nur die Menschen, die wir lieben, sondern ausgerechnet auch die, die uns fluchen, die uns also das Absterben und den Tod wünschen. Ihr könnt einen Fluch, meint Jesus, nur dadurch unwirksam machen, dass ihr einen Segen dagegenstellt. Segnet eure Feinde, wünscht ihnen Gedeihen und Wachstum, nur so könnt ihr die Feindschaft beenden und das gemeinsame Leben begründen.

❀

Es liegt im Wesen des Segens, dass er dort eingreift, wo er am dringendsten gebraucht wird, als Regen gleichsam. Dort, wo das Lebendige ohne ihn vertrocknen würde. Als Trost für Menschen, die niedergetreten sind, ausgedörrt, die nicht wachsen können, keine Frucht tragen.

Es ist nicht zufällig, dass das Wort »segnen« vom lateinischen *signare* kommt, »mit einem Zeichen versehen«. Gemeint ist durch die ganze christliche Geschichte hin das Zeichen des Kreuzes. Gezeichnet wird eine Stirn, gezeichnet wird eine versammelte Gemeinde mit dem Zeichen des Kreuzes. Gezeichnet wird der Tote, den wir dem Grab anheimgeben. Gezeichnet wird der Raum, in dem der Gottesdienst stattfindet, mit dem Zeichen des Kreuzes an der Chorwand oder über dem Altar, gezeichnet werden Wege und Wegkreuzungen. Der Segen im christlichen Sinn bezeichnet die Gegenwart des leidenden und sterbenden Christus im Leid von Menschen, denn der sterbende Christus ist ja nach seinen eigenen Worten das Weizenkorn, das in die Erde fallen muss, damit sich Auferstehung ereignen kann. Der Segen bezeichnet im Kreuz die Auferstehung aus der Angst und dem Leid und der Schuld, in denen der Mensch seinen Tod stirbt.

❀

Wenn Christus der Segnende ist, dann liegt darin keine christliche Abwandlung der uralten und weltweiten Rituale von Herbstfluch und Frühlingssegen. Segen kommt ja nicht aus dem Jahrmillionen währenden Kreislauf der Natur. Er kommt nicht aus dem kreatürlichen Zusammenhang, sondern aus der Liebe Gottes, die an kein Ritual, keinen Zauberspruch, keine Tag- oder Nachtzeiten gebunden ist, die nur ihre eigene Herkunft hat und nur sich selbst als Gesetz. Die Liebe Gottes hängt daran, dass diesem Christus, in dem sie sich ihre sichtbare Gestalt geschaffen hat, alle Macht gegeben ist im Himmel und auf Erden, oder daran, wie ich dasselbe lieber sage: dass Jesus das verborgene liebende Herz dieser Welt ist. Segen heißt Kraft des Wachsens und Fruchtbringens in einem umfassenderen und weiter reichenden Sinn, als sie im Kreislauf des natürlichen Lebens wirksam ist. Sie reicht in die andere Wirklichkeit, die Auferstehung, hinüber und ist das Geheimnis jener Frucht, die aus einem irdischen Menschenleben bleibt, wenn diese Welt und ihre natürlichen Gesetze längst nicht mehr sein werden.

Aber das wiederum bedeutet, dass der Mensch, der diese Welt für eigenständig hält und sich selbst für autonom, auf eben diesen Segen verzichtet. Segen empfangen heißt, auf Autonomie verzichten, um lebendig zu sein. Der autonome Mensch, wie ihn die Neuzeit hervorgebracht hat, mag tüchtig und erfolgreich sein. Er wird sich gegenüber eben den Kräften des Daseins abdichten, die ihn letztlich lebendig und todüberlegen machen könnten. Er wird letztlich seine Offenheit aufgeben, seine Blüte, sein Wachstum. Er wird sich in seiner Autonomie verhärten und wird versteinern. Es mag sein, dass ein Mensch, der sich als autonom versteht, grandiose Dinge erfindet, dass er sich eine ganze neue Welt aufbaut und doch mit all seinem Schaffen und Wirken und Nachdenken und Produzieren am Ende den Tod über die Erde führt. Ihn kann ja nicht berühren, was über seine Autonomie hinaus liegt, ihn kann es nicht berühren, wenn Pflanzen und Tiere absterben. Er wird nicht anders können, als Wachstum und Aufblähung zu verwechseln, und ich fürchte sehr, dass das, was man heute wirtschaftliches Wachstum nennt, in Wahrheit Aufblähung ist und bereits ein Vorbote des Ausdorrens und des Todes dieser Erde.

❀

Die alten Meditationsanleitungen der Christenheit sprechen immer wieder von einem bestimmten Wort, das in diesem Zusammenhang von grundlegender Bedeutung ist. Sie sprechen davon, dass es gelte, als Erstes und als Voraussetzung für alles heilvolle Geschehen »gegenwärtig« zu sein. Gegenwärtig vor sich selbst und gegenwärtig vor Gott. Das Gegenbild des autonomen Menschen ist die Gegenwärtigkeit des gesammelten Menschen vor Gott.

Wir reden von der Gegenwärtigkeit Gottes in dieser Welt, in allen Dingen, auch von seiner Gegenwärtigkeit in unserem eigenen Dasein. Will aber der Mensch dieser Weise, wie Gott ihm gegenüber ist, angemessen sein, angemessen leben und denken, so wird er versuchen, in diese Haltung der Gegenwärtigkeit zu gelangen, in der zunächst nicht mehr notwendig ist, als zu sagen: »Hier bin ich! Mit allen Kräften und Sinnen, mit meinen Gedanken und Empfindungen, mit meiner Unruhe und meinem rastlosen Alltag. Ich will nichts als da sein. Ich sammle mich auf dich hin. Ich weiß, dass du mir gegenüber bist, aber auch um mich her. Über mir, unter mir, und in mir selbst.«

Wer das einmal versucht, wird rasch erkennen, dass dies alles andere als einfach ist. Er wird feststellen, dass er mit Gedanken und Gefühlen fast immer anderswo ist als bei sich selbst und anderswo als in dieser Gegenwärtigkeit. Fast immer sind wir zerstreut, wie wir sehr richtig sagen, ausgestreut in die Dinge. Und es ist eine lebenslange Arbeit, sich selbst immer wieder zusammenzuholen aus allen den Zerstreutheiten unserer Gedanken und unseres Herzens. Nicht mit Gewalt, sondern mit der Leichtigkeit einer gelassenen

Präsenz. In dieser Gegenwart unseres ganzen Menschen vor Gott werden wir mit den Sinnen unseres Herzens ertasten, sehen, hören, fühlen, was Segen ist. Wir werden uns ihm öffnen, sodass er in uns eindringen und uns mit Kräften füllen kann, mit neuen Gedanken, mit Mut und Lebendigkeit.

Ich sage mir selbst immer einmal wieder das alte, wunderbare Meditationsgebet des irischen Mönchs Patrick, des Bischofs von Irland aus dem 6. Jahrhundert, das so lautet:

Ich erhebe mich heute durch eine gewaltige Kraft,
die Anrufung der Dreieinigkeit,
und bekenne den Schöpfer der Schöpfung.
Ich erhebe mich heute durch die Kraft Gottes, die mich lenkt.
Gottes Macht halte mich aufrecht,
Gottes Auge schaue für mich,
Gottes Ohr höre für mich,
Gottes Wort spreche für mich,
Gottes Weg will ich gehen,
sein Schild schütze mich.
Christus sei mir zur Rechten,
Christus mir zur Linken.
Er die Kraft.
Er der Friede.
Christus sei, wo ich liege.
Christus sei, wo ich sitze.
Christus sei, wo ich stehe.
Christus in der Tiefe,
Christus in der Höhe,
Christus in der Weite.
Christus sei im Herzen eines jeden,
der meiner gedenkt.
Christus sei im Munde eines jeden,
der von mir spricht.
Christus sei in jedem Auge,
das mich sieht,
Christus in jedem Ohr,
das mich hört.
Er mein Herr.

Er mein Erlöser.
Ich erhebe mich heute durch eine gewaltige Kraft,
durch die Anrufung des dreieinigen Gottes.

❀

Aus dieser Art Gegenwärtigkeit in Christus heraus, aus dieser Art Gegenwärtigkeit des Christus *in mir*, gingen die irischen Mönche auf ihre weltweiten Reisen zu Lande und zur See, die großartigste Gemeinschaft aktiver Missionare, die die christliche Geschichte kennt. Nun hängt der Segen dicht zusammen mit der Sendung des gesegneten Menschen.

Wir erinnern uns: Als Jesus den Kelch und das Brot segnete, wandte er sich zugleich an seine Jünger und sagte: »Wo immer ihr hinkommt, tut dies zu meinem Gedächtnis!« Und Paulus nimmt das Wort auf und sagt: »Indem wir das gesegnete Brot nehmen, verkündigen wir den Tod und die Auferstehung des Herrn.« Und als Jesus dieselben Jünger segnete, als er Abschied nahm von dieser Erde, da sagte er ihnen: »Geht hin in alle Welt und macht zu Jüngern alle Völker und tauft sie auf den Namen des Vaters und des Sohnes und des Heiligen Geistes und lehrt sie leben nach allem, was ich euch gesagt habe.« Sie aber, so ist erzählt, kehrten nach Jerusalem zurück und rühmten Gott.

Ein Mensch, der fähig ist, Gott zu rühmen mit all seiner Gegenwärtigkeit, seiner Offenheit und Empfangsbereitschaft, die darin liegt, ist an dem Ziel, das es auf dieser Erde überhaupt zu erreichen gibt: Gott zu rühmen; damit antwortet der Gesegnete auf die Gegenwärtigkeit des segnenden Gottes.

»Ich will dich segnen, und du sollst ein Segen sein.« Damit hatte die Urgeschichte des biblischen Volkes begonnen, in diesem Zusammenhang von Empfangen und Weitergabe des Segens Gottes. Das Leben Christi auf dieser Erde aber endet eben mit dieser Bewegung des Gebens, die übergehen will in ein Geben von Mensch zu Mensch, ein Weitergeben aus der Fülle Gottes an die, die ihrer am meisten bedürfen.

❀

Dieser Segen, den Christus als der von dieser Erde Scheidende den zurückbleibenden Menschen gab, spiegelt sich in einem ganz eigenen Segen, den wir Menschen denjenigen geben dürfen, die auf dieser Erde zurückbleiben, wenn wir sie verlassen müssen. Als Jakob, der Patriarch, sehr alt war und Joseph, sein Sohn, sah, dass er sterben würde, nahm er seine beiden noch kleinen Söhne und ging zu seinem Vater. Und der Großvater richtete sich auf seinem Lager auf und legte den beiden Enkelkindern die Hände auf und sprach:

»Der Gott, vor dem meine Väter Abraham und Isaak gelebt haben, der Gott, der mein Hirte gewesen ist mein Leben lang bis auf diesen Tag, der Engel, der mich erlöst hat von allem Übel, der segne die Knaben, dass durch sie mein und meiner Väter Name fortlebe, dass sie wachsen und gedeihen auf Erden.«

Es war früher auch bei uns Sitte, dass bei einem Abschied der Ältere den Jüngeren gesegnet hat, Eltern etwa ihre Kinder, Sterbende in ihrer letzten Stunde ihre Familie. Und entsprechend haben wir noch die alte Wendung, es habe einer »das Zeitliche gesegnet«. Das ist ein wunderbares Wort. Was ist damit gemeint? Wir reden davon, der Regen »segne« die Erde. Oder von einer Frau, sie sei »gesegneten Leibes«. Segen ist eine Kraft, welche die Erde oder einen Menschen fruchtbar macht. Segen schafft Wachstum und Gedeihen. Segen bewirkt, dass Frucht entsteht. Und im übertragenen Sinn ist Segnen ein Bejahen und ein Fördern des Lebens. Und so »segnet« der Sterbende sein vergangenes Leben, die Welt und alle Menschen, die ihm nahestanden. Er gibt seine Lebenskraft, seine Liebe weiter an die Lebenden, die er liebt.

Wenn also jemand »das Zeitliche segnet«, dann leuchtet alles noch einmal auf, wird alles noch einmal freundlich gesehen, und alle Kräfte, die vergehenden, werden den Zurückbleibenden zugewandt, zum Abschied und zur Stärkung des Lebens und der Liebeskräfte in der Welt. Nichts wird festgehalten, nichts wird weggeschoben. Es darf alles gelten. Der Sterbende wünscht dem, was war, dass es weiterlebe, weitergedeihe. Und er wünscht sich selbst, es möge auch für ihn Frucht wachsen aus dem, was »zeitlich« war, für die Ewigkeit.

Es mag sein, dass er dabei manches ein wenig anders wertet als die Zurückbleibenden, so, wie Jakob bei seinem Segen gegen alle Sitte den Jüngeren vorzog. Eltern, die auf dem Sterbebett ihren Kindern etwas Gutes sagen, können damit viel wiedergutmachen, was sie an ihnen versäumt haben. Sie geben den Kindern für die Zukunft eine Kraft mit, die trägt.

Segen hinterlässt derjenige, der zu Lebzeiten regelt, was an Zeitlichem noch zu regeln ist. Segen hinterlässt derjenige, der seinen Kindern und Enkeln und allen, die ihm nahestehen, zuletzt bestätigt, dass er sie bejaht, ihnen ihr Weiterleben gönnt. Das Zeitliche segnen heißt: das eigene Leben in Frieden abschließen, heißt aber noch mehr: das weitergehende Leben der anderen bejahen, gutheißen, ihnen Glück wünschen.

Dass ein Gesegneter ein Segen für andere sein kann, wie es in dem Wort formuliert ist: »Ich will dich segnen, und du sollst ein Segen sein«, das ist das Geheimnis des alten, weggehenden Menschen. Und selten kann ein Mensch, der Frieden zwischen zerstrittenen Menschen stiften will, dies so wirksam tun wie auf seinem Sterbebett. Ihm wächst eine Autorität zu, die er in diesem Maße nie hatte. Und es mag sein, dass sich die Christus-Gestalt, die während unseres Lebens in uns wuchs, in der Stunde vollendet, in der wir die Menschen segnen, von denen wir Abschied nehmen.

Die Bibel erzählt, dass Mose, als er an das Ende seiner Tage kam, von Gott auf einen hohen Berg geführt wurde, von dem aus er das Ziel sehen konnte, dem er sein Leben lang nachgewandert war: das Land, in dem einmal seine Nachkommen leben sollten. Ein Leben lang hatte er sich um die Heimkehr seines Volkes bemüht, auf endlosen Wegen durch unwirtliches Land. Nun sieht er das Ziel, das er selbst nicht mehr erreichen wird.

Wenn er nun Abschied nimmt, blickt er von dem Berg aus auch zurück: Er sieht, wie er einst als Kind aus dem Nil gerettet wurde, und er sieht, wie er bewahrt war auf seinem langen, gefahrvollen Weg und wie seine lebenslange Mühe erfüllt war mit einem verborgenen Sinn. Er erkennt: Ich bin ein Geführter und ein Gesegneter. Und er singt sein Lied: »Ich will den Herrn preisen« – Gott war vor mir und um mich her, und alles war Gnade.

Moses Geschichte spielt nicht nur in einer fernen Vergangenheit. Sie spielt in uns selbst: Irgendetwas in uns sehnt sich nach Freiheit. Irgendein Bild steht da vor uns von einem sinnvollen Leben, von einem Land, in dem zu leben sich lohnt. Und vielleicht berühren wir mit den Fingerspitzen gleichsam ein wenig Freiheit oder atmen sie ein und wissen: So eigentlich müsste das Leben sein. Vielleicht ist die Stunde, in der wir uns aus unserer Arbeit lösen, um alt zu sein und zur Ruhe zu kommen, auch die, in der uns die Freiheit berühren will. Und wenn wir uns dann umsehen, ändert sich alles vor unseren Augen. Vielleicht kommen wir bis an den Punkt, an dem wir erkennen: Was unsere Mühe war, ist in Wahrheit die Güte Gottes gewesen. Was wir am Ende sind, das hat Gott in langen Jahren aus uns gemacht. Wir aber nehmen, was da war und wurde, an und versuchen, dafür zu danken. Und wir geben uns dieser Hand zurück. Sie nimmt uns auf, entlässt uns zugleich auf einen neuen Weg und führt uns weiter. Und das Land, das wir suchten, wird sich uns öffnen.

Es ist uns zugedacht, dass wir auf der Höhe unserer späten Jahre über die Grenze hinübersehen. Wach. Wissend. Frei. Wir spüren, wie eine große andere Wirklichkeit auf uns zuströmt. Ein grenzenloser Strom von Erkenntnissen und Erfahrungen. Gott selbst kommt uns entgegen. Das Alter ist nicht das Ende von allem, sondern nur der letzte Takt einer Ouvertüre, und die eigentliche, die wunderbare Musik der Freiheit fängt erst an.

Es gibt ein Gesetz im Leben, dass, wenn sich eine Tür schließt, eine andere sich auftut. Wenn sich aber die Türen, durch die wir im Leben gegangen sind, schließen, eine nach der anderen, dann lösen sich die Wände vor unseren Augen auf, in denen die Türen sich gedreht haben. Und die Welt wird groß. Das Licht einer anderen Wirklichkeit liegt über ihr, und unser Weg fängt noch einmal an. Und wir werden endgültig wissen, dass wir gesegnet waren.

❀

Wenn wir einen Gottesdienst beenden – und ein Gottesdienst ist ja ein Gleichnis für den Weg, den wir Menschen über diese Erde gehen, von Schritt zu Schritt der Liturgie, dann schließen wir ihn mit einem Segen. Die Worte, die wir dabei gebrauchen, sind uralt, und manchmal scheint mir, ihr Sinn könne sich uns heutigen Menschen nur schwer erschließen. Lassen Sie mich also schließen mit dem sogenannten Segen des Aaron, so, dass ich jeder Zeile ein paar Worte beigebe, die ihren Sinn erschließen wollen. Er lautet:

> Der Herr segne dich und behüte dich.
> Der Herr lasse sein Angesicht leuchten über dir
> und sei dir gnädig.
> Der Herr erhebe sein Angesicht auf dich und
> gebe dir Frieden.

> Der Herr,
> der Ursprung und Vollender alles Lebens,
> segne dich,
> er gebe dir Gedeihen und Wachstum,
> Gelingen deinen Hoffnungen,
> Frucht deiner Mühe.

Und behüte dich
vor allem Argen, er sei dir Schutz in Gefahr und Zuflucht in Angst.

Der Herr lasse leuchten sein Angesicht über dir,
wie die Sonne über der Erde
das Erstarrte wärmt und löst
und das Lebendige weckt in allen Dingen,

und sei dir gnädig,
wenn du schuldig bist.
Er löse dich von allem Bösen
und mache dich frei.

Der Herr erhebe sein Angesicht auf dich.
Er schaue dich freundlich an.
Er sehe dein Leid und höre deine Stimme,
er heile und tröste dich

und gebe dir Frieden,
das Wohl des Leibes,
Wohl und Heil der Seele,
Liebe und Glück und führe dich an dein Ziel.

Amen.
Das heißt: So will es der lebendige Gott,
so steht es fest nach seinem Willen, für dich.

8
Wir werden sein wie die Träumenden
Nürnberg 1979

Die Zeiten, in denen die Mehrzahl der Menschen ihr Leben auf dem Acker oder dem Feld zubrachte, sind vorbei. Die Städte saugen uns auf. Die Städte, auch wenn wir sie nicht lieben, sind unser Schicksal. Immer mehr und deutlicher empfinden wir die Bedrohung, die die städtische Umwelt für unser Dasein, das Leben unserer Seele zumal, bedeutet. Gleichwohl wissen wir, dass heute und künftig nichts mehr ohne die großen Städte zu denken ist. Seit den Zeiten der Jugendbewegung ist nicht mehr so leidenschaftlich nach den Alternativen zur Stadt gesucht worden wie heute, und immer mehr junge Menschen sehen in irgendeiner Art bäuerlichen Lebens das Rettende, und doch wissen wir, dass es nicht die Romantik sein wird, die uns rettet. Was die Stadt sei, fragt ein Lied:

Was ist die Stadt, die große Stadt,
mit ihren tausend Lichtern?
Was ist die Stadt, die große Stadt,
mit ihren tausend Gesichtern?
Sie ist ein Riesenkrustentier,
an dessen Schale wir kleben.
Sie ist ein Riesenkrustentier,
von dessen Herzschlag wir leben …

Wir fürchten uns heute vor der Stadt, und wir fürchten unsere Abhängigkeit von ihr. Viele beginnen neu nach einem Leben in einer kleinen, bergenden Gemeinschaft zu suchen, nach Kommunität, wie wir heute sagen, und nach einem spirituellen Leben, das der Hektik und dem Druck der großen Städte entgegengesetzt ist. Viele empfinden, dass das Leben in der Stadt Angst schafft, dass es die Menschen zerreißt und dass es keine Antwort gibt auf die Frage nach dem Sinn, nach dem Recht, nach der Freiheit und nach einem verpflichtenden Maß.

Da ist die ratlose, verängstigte Frage, was für einen Sinn dieses Leben habe. Es stellt sich heraus, dass der Mensch einer neuen Auskunft bedarf, wozu und wofür und woraufhin er leben soll, und dass die städtische Zivilisation ihm diese Auskunft nicht gibt. Da ist eine immer stärker werdende Suche nach einem Lebenszusammenhang mit den Menschen, den Tieren, den Pflanzen, mit Luft und Wasser. Die Suche nach dem größeren Zusammenhang mit den anderen Wesen in dieser Welt, in der der Mensch eine sinnvolle Aufgabe erfüllen will. Und da ist die immer klarer werdende Frage nach dem, was erlaubt ist, was verantwortbar ist. Der Traum, alles sei machbar, alles sei möglich, ist weithin zu Ende geträumt und die Frage: »Was eigentlich darf der Mensch?«, wird deutlich hörbar. Und vielleicht erhebt sich daraus eine neue Religiosität gerade des städtischen Menschen. Was ist uns die Stadt?

Am Anfang, als Gott den Menschen schuf, so erzählt die Urgeschichte der Bibel, setzte Gott den Menschen in einen Garten. Einen Garten in »Eden«, das heißt in der kahlen Steppe, einen abgegrenzten Bezirk, in dem Bäume wuchsen, Wasser flossen, Blumen und Früchte gediehen. Also ein Spezialraum für den an der Erde arbeitenden Menschen. Wobei uns deutlich sein muss, dass das Paradies von 1 Mose 2 nicht das Schlaraffenland war. Ein Garten war für den Begriff der Nomaden- und der Ackerbauvölker des mesopotamischen Raums ein Stück Erde, an dem zu arbeiten Sinn hatte, weil Wasser da war und Frucht wuchs. Und am Ende, so schildert es die Offenbarung des Johannes, werden in der heiligen Stadt lebendige Bäume wachsen an einem Strom frischen Wassers, Bäume, die zwölf Mal im Jahr Frucht tragen und deren Blätter heilende Kraft haben. Das Ziel ist wieder ein Garten.

❀

Am Anfang, als der Mensch anfing, seine Herrschaft über die Erde zu ergreifen und die erste Bluttat zwischen den beiden Brüdern geschehen war, da ging der heimatlose, rastlose Mensch hin in seiner Angst und baute sich eine Stadt. Denn die Stadt, das war für das Empfinden der Nomadenvölker im Ursprungsland der Bibel eine Not- und Angstlösung für einen Menschen, der Grund hat, andere Menschen zu fürchten. Warum sonst sollte er Mauern bauen oder Tore? Warum sonst sollte er ein Zentrum der Macht errichten?

Was dem antiken Menschen unheimlich war an der Stadt im Gegensatz zum freien Ackerland oder zu den Steppen, in denen der Nomade zog, ist uns heutigen Menschen unheimlich am Staat. Warum konzentrieren Menschen so viel Macht? Was wollen sie damit? Wie schützt man die Würde und die Freiheit des Menschen gegen so viel Macht? Wie schützt man das Recht und die Wahrheit?

In der Bildersprache der Offenbarung des Johannes steht am Ende und Ziel der Weltgeschichte, als Gleichnis eines freien und religiösen Lebens, wieder eine Stadt. Ähnlich spricht Jesus von einem Reich, dem Reich der Himmel oder dem Reich Gottes. Das erscheint noch kühner als das Bild vom Garten. Denn Stadt und Staat sind für uns ja eher Symbole der Unfreiheit als der Erlösung. Offenbar werden sie zu Symbolen der Freiheit erst durch unsere Bemühung. Aber was muss geschehen, so fragen wir, dass sich unsere Städte und Staaten zu Bildern des Friedens und der Gerechtigkeit eignen, dass wir an ihnen unsere Hoffnung auf Freiheit festmachen können?

> »Ich schaute und sah einen neuen Himmel und eine neue Erde. Der vorige Himmel und die vorige Erde waren vergangen, und das Meer war nicht mehr.

Ich sah, wie die heilige Stadt, das neue Jerusalem, vom Himmel, von Gott her, sich herabsenkte in unsre Welt. Sie war schön. Schön und geschmückt wie eine Braut, die ihrem Mann entgegengeht.
Von Gottes Thron her hörte ich eine mächtige Stimme sagen: Sieh her! Hier wohnt Gott bei den Menschen. Er wird bei ihnen bleiben und sie werden sein Volk sein.
Er selbst, Gott, wird für sie da sein. Er wird abwischen alle Tränen von ihren Augen, es wird kein Tod mehr sein, kein Leid, kein Geschrei, kein Schmerz. Denn was war, ist vergangen. Sieh her! Ich mache alles neu.« (Offenbarung 21,1–6)

❀

Da ist also das Bild einer Stadt – sie wird ein paar Verse später genauer geschildert – mit Mauern aus Jaspis, mit Straßen aus Gold, aber einem Gold, das durchscheinend ist wie Glas, mit Toren aus schimmernden Perlen. Die braucht keine Sonne, denn sie ist selbst voll Licht. Sie braucht keinen Tempel und keine Kirche, denn Gott erfüllt sie von einem Ende zum anderen. Sie hat Tore, aber die werden niemals geschlossen, weil niemand die Stadt bedroht. Ein kristallheller Strom, der den Bewohnern das Leben gibt, fließt mitten durch sie hindurch. Die ewige Stadt – ein Symbol der Vollkommenheit, wie ein Schmuckstück aus Gold und Edelstein, Bild einer vollendeten, zum Ziel gelangten Welt.

Mitten in der Schilderung dieser Stadt aber löst sich das Bild plötzlich auf. Die Stadt verschwindet, und ein anderes Bild erscheint an ihrer Stelle: Da ist eine breite Treppe, die führt vom Himmel herab auf die Erde, und herab steigt eine Frau. Eine Braut schreitet herab, schön, geschmückt, in festlichem Gewand, glücklich und strahlend, ihrem Bräutigam entgegen. Die Braut – das andere Symbol der Vollkommenheit, der Mensch, der seinen Weg findet, sein Glück, seine Bestimmung, seine Heimat und Geborgenheit, der vollendete, durch alle Wandlungen dieses Lebens hindurch zur Reife gekommene Mensch.

Und wieder löst sich das Bild von der herabsteigenden Braut auf, und es ist wieder die Stadt da, und die Braut ist die Stadt, golden, lichterfüllt, strahlend von innen her. Denn innen in ihr ist Gott.

❀

Dieses Bild von der Stadt mit den goldenen Gassen, so ferne, so jenseitig es scheinen mag, inspirierte merkwürdigerweise seit mehr als tausend Jahren alle Umstürzler, alle Sozialrevolutionäre des christlichen Abendlandes, vom frühen Mittelalter an über die Reformationszeit bis in die Französische Revolution und in den religiösen Sozialismus noch dieses Jahrhunderts.

Was wäre das für eine Stadt, in der es keinen Machthaber gibt außer Gott selbst! Was wäre das für eine Stadt, in der keine Priesterschaft ist und keine Klassen sind und keine Privilegien! Eine Stadt ohne dunkle Winkel, ohne Elendsquartiere, ohne Kerker und Verliese, ohne Verbrechen und ohne Polizei! Was wäre das für eine Stadt, die keine Kontrolleure hätte und keine Wachposten, in der die Tore Tag und Nacht offen stünden, weil niemand sich vor einem Feind fürchtete, der von draußen hereinkommen könnte – und niemand eingeschlossen wäre, sondern frei aus- und eingehen könnte! Ist sie nicht das Symbol der Überwindung von Herrschaft und Gewalt, von Ungerechtigkeit und Ausbeutung, Angst und Leid der Menschen?

❀

Aber die Bilder gehen ineinander über: Diese Stadt, sagt Johannes, ist wie eine Braut, die schön und geschmückt ihrem Bräutigam, das heißt ihrem Schöpfer, entgegengeht. Ist die Braut nicht das Bild einer ganzen Gesellschaft, ja, einer neuen Welt? Ist es nicht das, was Paulus meint, wenn er sagt, am Ende werde die ganze Schöpfung befreit sein? Denn die Braut ist ja nach orientalischer Vorstellung der befreite

Mensch. Ein Mädchen, so dachte man, ist unfrei, solange es seinen Eltern untersteht und bis ein junger Mann kommt und es »freit«, wie wir heute noch sagen, der es also herausholt aus dem Elternhaus und es zu einem freien Menschen macht, sodass es seine Liebe in einem Ja ausdrücken und von da an seinen Lebensweg mit dem erwählten, dem geliebten Mann zusammen gehen kann.

Auch dieses Bild von der Braut, also einer befreiten Welt und Menschheit, ist als bewegende Kraft bis heute wirksam. Davon träumen wir doch in unserer Zeit: Was wäre das für eine Schöpfung, die nicht ausgebeutet, sondern befreit würde! Was wäre das für eine Welt, die ihre Schönheit bewahren dürfte und nicht die grauen, schmutzigen Fetzen tragen müsste, die ihr der Mensch umwirft! Was wäre das für eine Welt, die von Machtanspruch und Habsucht des Menschen frei wäre! Und da der Mensch selbst ein Teil dieser Schöpfung ist: Was wäre das für ein Mensch, der frei in seiner Welt stünde, ehrfürchtig vor ihren Geheimnissen, die Geheimnisse der Welt in seiner eigenen Seele wiedererkennend, in seinen Gedanken ihnen nachspürend und an der Vollendung der Schöpfung an seinem Teil wirkend! Wenn es überhaupt etwas Aktuelles gibt, dann dies.

Aber nun geschieht mit diesen beiden Bildern etwas sehr Charakteristisches: In dem Augenblick, in dem sie den Sinn bekommen, über die Grenze dieser Welt und dieser Zeit hinauszuweisen, verschmelzen sie, und man kann sie nicht mehr so recht eindeutig trennen. Es geschieht mit ihnen, was mit der Stadt geschieht, von der es in einem Satz heißt, sie sei aus Gold, und im nächsten Satz, sie sei durchscheinend wie Glas. Alle Bilder, die über Raum und Zeit unseres hiesigen Daseins hinausweisen, erscheinen uns notwendig widersprüchlich und kaum mehr geeignet, uns etwas Deutliches zu sagen. Sie rücken hinaus in eine auch mit Jahrmillionen nicht mehr messbare Zukunft, in einen Raum, der mit unserem Kosmos nicht mehr zu vergleichen ist, und zeigen das Letzte, zeigen den Sinn.

❀

Nun könnten wir natürlich gleich den Mut verlieren und fragen: Was sollen diese unscharfen Bilder am fernen Horizont der Geschichte, da wir sie ja doch nie ganz verstehen? Täten wir nicht besser, unseren klaren Verstand zu gebrauchen und auf unserer Erde das Vernünftige zu tun? Unseren klaren Verstand – das wäre gut, wenn es mit unserem Verstand eine so klare Sache wäre.

Die abendländische Neuzeit war ja einmal angetreten, den Menschen endgültig von Träumen, von Fantasien, von Angst und von den Bildern, die die Angst erzeugen, frei zu machen. Angst, so dachte man, gibt es nur dort, wo es Gott und Teufel gibt, Himmel und Hölle, wo also unsichtbare, jenseitige Mächte in diese Welt eingreifen. Also gilt es, künftig auf die klare Vernunft des Menschen zu vertrauen und eine Welt zu schaffen, in der es klar und nicht verworren, wissenschaftlich und nicht religiös zugeht. Am Ende überließ man den Himmel, wie ein Dichter sagte, den Engeln und den Spatzen.

Was wir heute erleben, ist das Ende dieses Traums von der klaren, angstfreien Welt. Wir erleben, dass nach dem Sieg der Wissenschaft und der Vernunft die Angst das Feld beherrscht, wie sie es vermutlich seit dem frühen Mittelalter nicht mehr getan hat. Was ist der Grund? Vielleicht dies, dass man den Menschen halbiert hat, dass man seinen Verstand und sein Ahnungsvermögen voneinander getrennt hat. Dass man gesagt hat: Der Verstand hat die Wahrheit, die Seele hat es mit den Fantasien, den Träumen, den Wünschen zu tun. Und was wir heute erkennen, das ist doch, dass wir nur mit allen unseren Kräften des Geistes und der Seele ein zutreffendes Bild von der Wirklichkeit gewinnen. Und was wir zu begreifen beginnen, das ist doch, dass das Ausgesparte als Quelle der Angst im Hintergrund wirksam bleibt. Wenn wir aber versuchen, das Ganze zu erfassen, dann entsteht vor unseren Augen das, was wir ein Symbol nennen.

Symbole sind eine Verbindung dessen, was ist, und dessen, was werden soll. Das Symbol einer Stadt zeigt, was eine Stadt ist und was eine Stadt werden kann. Das Symbol einer Braut zeigt, was der Mensch ist und was aus dem Menschen werden kann. Symbole zeigen, wo das Gegenwärtige und das Künftige auseinanderklaffen, wo sie übereinstimmen und was geschehen muss, damit die Zukunft unsere Hoffnung erfüllt.

❀

Was also sagt das Symbol »Stadt«? Es ist ja nicht so neu, dass der Mensch zur Stadt ein gespaltenes Verhältnis hat, dass er die Stadt braucht und dass er sie zugleich hasst. Dass er in ihr seine Freiheit sucht und sich doch von ihr gefangen fühlt. Wenn die Menschen der Bibel ein Bild ihrer Hoffnung suchten, dann sprachen sie von Jerusalem, der hoch gebauten, der schönen, freien, unbedrohten Stadt. Und wenn die Menschen ein Bild des Schreckens malen wollten, dann sprachen sie von Babylon, der seelenlosen, der gewalttätigen Stadt, in der der Mensch nicht nur Gott verliert, sondern auch sich selbst.

Unser heutiger Traum ist weniger der von der schönen, großen Stadt, als der von einer Welt, in der wir mit allem, was mit uns die Welt bewohnt, zusammen in Frieden leben können. Eine Welt, in der nicht nur, wie Jesaja sagt, der Wolf neben dem Lamm wohnt, sondern auch der Mensch neben dem Tier und dem Baum. Für uns ist der Traum vom Garten wichtiger geworden als der von der Stadt. Und für uns ist auch wichtiger geworden der Gedanke vom Reich Gottes, das Jesus meint, der Gedanke von einem Lebenszusammenhang, der die Welt überhaupt umfasst und nicht nur die Welt des Menschen.

Ich habe das Gefühl, gerade wir Christen hätten nun jahrhundertelang die Wichtigkeit des Menschen ungeheuer überschätzt. Hat man nicht immer wieder gemeint, das Einzige, das in dieser Welt von religiöser Bedeutung sei, sei der Mensch? Der Mensch und sein Gott, das war vielerorts das einzige Thema des Christentums. Versöhnung zwischen Mensch und Gott. Erlösung des Menschen. Das waren doch die Themen. Rechtfertigung des Menschen, Sünde des Menschen, Tod und Auferstehung des Menschen. Und endlich die Vollendung der Kirche, die aus Menschen bestand, in der himmlischen Gemeinschaft derselben Menschen mit ihrem Gott. Weil der Mensch so wichtig war, kam es auch bei den strengsten moralischen Ansprüchen der Christen zu der brutalen Unterdrückung und Ausbeutung aller anderen Lebewesen. Das Recht anderer Wesen auf Leben, auf Unversehrtheit, auf Schutz, auf Güte war kein Thema christlicher Moral. Heute geht es indessen energisch um den Gedanken vom »Reich«, also um den großen Zusammenhang, in dem alles, was lebt, nach seinem Recht, zu seinem Heil und zu seiner Freude leben darf.

❀

Ähnlich klein gefasst wie der »Himmel allein für Menschen« ist bei uns bis heute unsere Vorstellung von der Ökumene. Wenn wir von »Ökumene« reden, dann meinen wir die Gemeinschaft der Kirchen in der ganzen von Menschen bewohnten Welt. Manchen greift das schon wieder zu weit, und in allen Konfessionen machen sich die restaurativen Kräfte bemerkbar. Aber ich meine, selbst wenn wir mit langen Armen alles zusammenhalten wollen, was christlichen Glaubens ist, dann umgreifen wir noch immer bei Weitem zu wenig. Was ist mit den anderen Menschen, die keine Christen sind? Von Gott geschaffen, von Gott gerufen – und doch nicht Teil der von den Christen umgriffenen Menschheit?

Ich meine aber noch mehr: Selbst wenn wir alle Menschen, unabhängig von ihrer Religion oder Gottlosigkeit, umfassen wollen, greifen wir noch immer zu kurz. Ökumene heißt auf Deutsch: die gesamte bewohnte Welt. Bewohnt aber ist diese Welt keineswegs nur von Menschen. Geht es heute für uns Christen nicht um eine Ökumene aller Lebewesen?

Ist die Ökumene der christlichen Konfessionen nicht ein Thema von gestern? Wenn die Langweiligkeit der Kirche und ihre Rechthaberei uns noch heute daran hindern, gemeinsam zu bekennen und gemeinsam zu handeln, dann ist das ein trostloses Zeichen geistlicher und geistiger Armut und Kleinkariertheit; aber kann es uns verpflichten, unsere Zeit und Kraft an diesem armseligen konfessionellen Gemischtwarenladen zu verschwenden? Muss unsere Energie und Fantasie nicht einer Ökumene aller Menschen, mehr, aller von Gott geschaffenen Lebewesen auf diesem Erdball gelten?

❀

In seiner »Göttlichen Komödie« schildert Dante die vollkommene, die himmlische Welt. Nach seinem langen Weg durch die Hölle und die Zonen der Läuterung schildert er die himmlische Welt mit dem Bild einer weltumspannenden Rose, die alles erfüllt, alles umspannt, was den erlösten Kosmos, dessen Mitte Gott ist, darstellt. Er will sagen: Ich schaue ein großes, alles umfassendes, in sich vollkommenes Sein in Gott. Die Menschen haben ihren Ort in Gott, die Dinge dieser Welt, ihre Kräfte und Gesetze, alles ist in Gott; wie die vielen Blätter einer Rosenblüte um ihre Mitte gesammelt sind, so sammelt sich alles, was ist, um Gott und wird von ihm durchdrungen. Die himmlische Rose ist eines jener Bilder, die das Ganze meinen, das Universum in Gott. Und das ist unser Thema.

Wie spricht denn Jesus von jenem Universum in Gott? Seine Reden sind voller Gleichnisse. Von einer Hochzeit spricht er, also von dem Fest, in dem das Geheimnis einer umfassenden Liebe zwischen Gott und seinen Geschöpfen und zwischen seinen Geschöpfen gefeiert wird. Von einem Gastmahl spricht er, das am selben Tisch alle versammelt, die schon mit Gott in Gemeinschaft leben, und allen anderen, die es noch nicht tun, von einer hier auf dieser von Streit und Krieg und Ausbeutung zerrissenen Erde noch undenkbaren Gemeinschaft der Söhne und Töchter Gottes. Und wenn wir ihn fragen: Wie kommt es zu diesem Reich? Dann antwortet Jesus unter anderem mit den sogenannten Seligpreisungen. Wir fragen: Wem gehört das Reich Gottes? Wer bewirkt es? Wer dient ihm? Und Jesus antwortet:

> »Selig sind, die arm sind in Erwartung des Geistes, ihrer ist das Reich Gottes. Selig sind, die behutsam und freundlich sind, die auf Gewalt verzichten, ihnen wird das Erdreich gehören. Selig sind, die hungert und dürstet nach der Gerechtigkeit, denn Gott wird sie sättigen. Selig sind die Barmherzigen, denn sie werden Barmherzigkeit erlangen. Selig sind, die reinen Herzens sind, denn sie werden Gott schauen. Selig sind, die Frieden stiften, denn sie sind Töchter und Söhne Gottes. Selig sind, die verfolgt werden, weil sie Gerechtigkeit suchen, denn das Reich Gottes steht ihnen offen.« (Matthäus 5,3–10)

Das sagt jener Mann, für den es keine Stadt gab, in der er zu Hause war: Ein Glückwunsch den Behutsamen, die nicht leben wie Kain, der Brudermörder und Städtegründer. Ein Glückwunsch den Friedenstiftern, die bei ihrem Tun das Lebensrecht auch der anderen im Auge haben, die mit Geduld und langem Atem daran arbeiten, dass alle Menschen auf der Erde ein Zuhause finden.

Die Bergpredigt mit ihren berühmten Forderungen nach Gewaltlosigkeit und Feindesliebe und ihren so schönen und so weltfremden Seligpreisungen war nun zwei Jahrtausende lang die große Verlegenheit der christlichen Theologen und das Ziel des Spottes der Weltkinder. Heute stehen wir an einem Punkt, an dem wir erkennen: Dies, genau dies ist die realistische Anweisung für den künftigen Weg der Menschheit, wenn es denn überhaupt noch einen Weg geben soll. Man hat auch in der Theologie immer wieder entschuldigend gemeint: Nimm es nicht so wörtlich. Man braucht bei uns kein Schwärmer zu sein. Bei uns gilt nach wie vor Auge um Auge, Zahn um Zahn. Bei uns gilt nach wie vor, dass Gott bei den stärkeren Bataillonen ist; bei uns gilt nach wie vor, dass man dem, der nicht freiwillig unser Bruder sein will, ganz normal und vernünftig den Schädel einschlägt. Die Zeiten, in denen man unter Christen so sprechen konnte, sollten endlich hinter uns liegen. Denn entweder gilt uns, was Jesus über das Reich sagt, oder es ist kein Weg mehr, der anderswohin führt als in den Abgrund.

Die Menschheit hat im Laufe ihrer vieltausendjährigen Geschichte schon mehrmals gründlich umdenken müssen. Je vollständiger der Mensch seine instinktbedingte Sicherheit verlor, desto differenzierter musste er darüber nachdenken, was denn ihm, dem Menschen, gemäß sei. Und wenn man will, dann kann man die Geschichte der Menschheit als einen Prozess allmählicher Ablösung von animalischen Selbstverständlichkeiten ansehen: Dass der Stärkere das Recht hat, hat man erst sehr spät in dieser Geschichte begonnen anzuzweifeln. Dass der Einzelne ein Recht auch gegen das Interesse seiner Gemeinschaft besitze, kam noch später hinzu. Dass der Mensch kein Sklave sein könne, weil kein Mensch Besitz eines anderen Menschen sein kann, dringt erst seit einigen Jahrhunderten ins Bewusstsein der Besitzenden. Dass das nutzlose Glied der Gesellschaft ein Recht auf Leben habe, ist noch nicht allzu lange Gegenstand der Erörterung – es ist in unserer eigenen Zeit noch nicht volle Klarheit darüber hergestellt. Dass man den Verwundeten auf dem Schlachtfeld nicht einfach liegen lässt, sondern ihn pflegt und schützt, dass der Gefangene ein Mensch bleibt auch in der Hand des Feindes, ist erst im 19. Jahrhundert festgestellt worden. Ob die Gemeinschaft den schuldigen Einzelnen töten darf oder nicht, ist erst wenige Generationen lang ein Thema der Diskussion. Die Gesellschaft der Menschen differenziert sich. Sie wird ohne Frage humaner. Sie gibt mehr und mehr Freiheit. Sie toleriert mehr und mehr auch den Außenseiter, den Eigenwilligen, den Revolutionär oder den Fantasten. Das ist gut so.

Aber die Fragen gehen weiter: Wie viel Recht zum Aufruhr gegen die Obrigkeit hat der Staatsbürger? Wie weit reicht die Fürsorgepflicht eines reichen Landes für ein armes Land am anderen Ende der Erde? Ist die Zerstörung der natürlichen Umwelt unter die Verbrechen zu zählen? Sind die Experimente an den menschlichen Erbanlagen unter die Verbrechen zu zählen? Ist die Lagerung von radioaktiven Abfällen für die nächsten Jahrtausende ein Verbrechen an unseren Nachkommen? Noch vor vierzig oder fünfzig Jahren hätte niemand begriffen, wie ein normaler Mensch mit gesundem Verstand über die Themen nachdenken könne, die uns diese Jahre stellen.

Nun verweisen uns unsere heutigen Diskussionen aber unablässig auf den Mann von Nazareth. Denn seine Botschaft hat praktisch alles vorweggenommen, was uns heute neu beschäftigt. Er hat mit seiner Bergpredigt rund 2000 Jahre lang als frommer Träumer gegolten, und selbst die Kirchen hielten die Maßstäbe, die er in jener Rede aufstellte, für utopisch, für ein Kennzeichen nicht dieser, sondern der künftigen Welt. »Selig sind die Friedenstifter, denn sie erfüllen den Auftrag Gottes.« Was für ein schwächlicher Träumer muss das gesagt haben! Heute, in unseren Jahren, entdecken wir, dass es so ist. »Selig sind die Behutsamen, denn ihnen soll die Erde gehören«; »selig sind die Barmherzigen«; »selig sind, die sich um der Gerechtigkeit willen verfolgen lassen«; »ihr sollt nicht schwören«; »ihr sollt überhaupt nicht töten«; »ihr sollt Schuld nicht vergelten«; »ihr sollt die Schuld nicht beim anderen, sondern bei euch selbst suchen« und wie immer diese Weisungen lauten. Stück um Stück beginnt uns aufzugehen, dass hier keine weltfremden moralischen Rezepte gegeben werden, sondern das Modell einer tatsächlich erreichbaren, menschlicheren Welt gezeichnet ist.

❀

Man mag darüber staunen, wie ein Mann in der Zeit des Römischen Reiches über die Jahrtausende vorweg dieses Modell entwerfen konnte. Man mag darüber staunen, weil es weder einen Vorgänger noch eine Analogie für ihn gab oder gibt. Er ist uns bis zum heutigen Tage voraus, und wir haben Mühe, mit unseren nüchternen Überlegungen zu den Problemen der heutigen Welt kleine Schritte hinter ihm herzugehen, die in Richtung seiner Visionen weiterführen.

Wer aber, so sagt Jesus, so hinter mir hergeht, der ist schon ein Bürger des kommenden Reiches. Und Paulus sagt es so: Wer in Christus ist, sich sozusagen in seine Gestalt kleidet und so über diese Erde geht, der ist eine neue Schöpfung, eine neue Kreatur, der ist Zeichen und Bürge des neuen, des großen Reichs, in das Gott diese Welt verwandeln will.

Er braucht sich über den Zustand dieser Welt keinen Illusionen hinzugeben. Und er braucht ebenso wenig zu resignieren. Er braucht die technische Zivilisation weder anzubeten noch zu hassen. Er hat weder das rüde Selbstbewusstsein des Machers nötig noch braucht er sich an Weltschmerz, Todessehnsucht oder apokalyptische Untergangsstimmungen hinzugeben.

Er weiß, dass er nicht alles zu verantworten braucht. Seine Verantwortung reicht nicht weiter als seine Kraft. Er braucht sich also weder gegen seine Verantwortung zu sträuben noch sich an ihr zu übernehmen.

Er kann, ohne zu verzagen, über die Folgen seines Tuns nachdenken, denn er weiß, dass er nur ein Helfer ist und dass seine kleine Kraft wie ein Instrument in der Hand dessen liegt, der letztlich die Macht hat.

Er weiß, dass ihn weder Tod noch Leben noch irgendeine Macht dieser Welt von der Liebe Gottes scheiden können, und braucht deshalb weder ein Sklave seiner Wünsche zu sein noch ein Sklave seiner Pläne und Absichten oder seiner Feindbilder. Er steht der Welt mit freien, offenen Händen gegenüber.

Er wird von Selbstbegrenzung sprechen, wo andere vom freien Spiel der Kräfte reden. Er wird vom Gemeinsamen reden, wo andere den Platz an der Sonne für sich selbst suchen.

Er wird sich fragen, ob die Mittel, die der Mensch heute zur Beherrschung seiner Welt anwendet, noch taugen, und wird die sanftere Technik suchen. Er wird an das Wort Jesu denken: Selig sind die Sanften, denn sie werden das Erdreich besitzen.

Vor allem wird er sich weigern, das Reich der anderen Lebewesen auf dieser Erde abzutrennen von der großen Hoffnung auf das Reich aller Wesen in Gott. Er wird es zusammensehen, und seine schauende Hoffnung wird die andere Seite seiner tätigen Zuversicht sein.

Er weiß: Gerade derjenige, der keine Macht hat, die Welt zu verändern, wird sie am wirksamsten heilen. Gerade derjenige, der an seine kleine Stelle angebunden ist, kann die große Freiheit in die Welt bringen. Gerade derjenige, der die Bedrohung und Verstümmelung der Welt am tiefsten erleidet, zeigt den Weg aus der Gefahr.

Ist nicht Jesus der Ohnmächtige? Ist sein Zeichen nicht das Kreuz? Ist es nicht Jesus, der Heimatlose, der den Weg nach Hause zeigt? Ist es nicht der gebundene Christus, der die Freiheit hat? Ist es nicht der Gekreuzigte, der das Leitthema der Weltgeschichte anzeigt? Von ihm lassen wir uns die Bilder der Hoffnung deuten, an denen wir uns orientieren:

Da ist der Garten, und der Garten ist ein Stück Land, fruchtbar gemacht durch die Arbeit des Menschen, ein Lebensraum für Pflanzen und Tiere, für das gemeinsame Leben, das ihnen allen dient.

Da ist das Bild vom Gastmahl, und das Gastmahl ist ein Fest an einem Tisch, zu dem alle Zutritt haben, von dem sie alle ihre Speise nehmen und an dem für alle ein Platz frei ist.

Da ist das Bild von einem Haus, in das der heimatlose Mensch heimkehrt, und in dem Haus trifft er seinen Vater, und der Vater gibt ihm Wohnrecht und Menschenwürde, auch ihm, der von seinen eigenen, eigensüchtigen Wegen endlich nach Hause kam.

Da ist das Bild von der Stadt, und die Stadt ist das Ganze, in dem der Schutzlose seinen Schutz sucht, sein Recht und seinen Raum. Die Mauer schützt, sie schließt nicht ein. Das Tor begrenzt nicht, es ist offen, und wer will, kann hinein- oder hinausgehen.

Da ist das Bild von einem Reich. Und zum Reich gehören die Stadt und das Haus und der Garten. Das Reich ist das große Gemeinsame aller Wesen unter und in dem einen, heiligen Gott. Die endlich zu ihrer Gestalt gekommene Welt. Das Universum in Gott.

Der Mensch aber, der im Garten wirkt, der am Tisch sitzt, der ins Haus und in die Stadt einkehrt, der ein Bürger des Reichs ist, erscheint am Ende als der Geliebte im Bild von der Braut, die schön und geschmückt dem Bräutigam entgegengeht.

Nicht weil dann, nach der Hochzeit des Menschen mit Gott sozusagen, alle Sorgen beendet sind. Sondern weil der Mensch endlich die Verantwortung wahrnehmen kann, die ihm als dem Hausherrn oder der Herrin in dieser Schöpfung nach dem Willen Gottes zugemutet ist.

❀

Der Mensch ist zuerst der Geliebte, und erst dann der Verantwortliche. Er ist nicht der von moralischen Forderungen gejagte Sklave, der für die Zukunft der Welt zu arbeiten hat. Er ist zuerst der geliebte Mensch, welcher der Zukunft Gottes »schön geschmückt« entgegengeht. Und weil er der geliebte und nicht der gejagte Mensch ist, darf er träumen. Darf Bilder schauen. Darf sich seine Zukunft vorstellen und sich ausmalen, wie es sein wird.

Jesus Christus, der das mit der Braut gesagt hat, sagt auch: »Ich bin die Tür. Geh durch mich hindurch aus dem

Gefängnis dieser sogenannten Wirklichkeit ins Freie, in die Freiheit Gottes.« Er sagt: »Ich bin der Weg. Und dieser Weg führt dich weiter als bis in die Sackgassen, die die Geschichte der Menschheit dir bereitet. Geh hinaus ins Freie, und du schaust eine neue Welt, du gehst auf sie zu und sie schimmert vor dir in dem Licht, das Gott selbst ist.«

Der Mensch, der diesen Weg mit Christus geht, wird sagen: »Wenn der Herr die Gefangenen Zions erlösen wird, werden wir sein wie die Träumenden. Wir werden einer Wirklichkeit begegnen, die wir allenfalls im Traum noch gewagt hatten zu erhoffen.«

»Im Traum«, sagt Hiob, »wenn der Schlaf auf den Menschen fällt, öffnet Gott ihm das Ohr.« Nirgends ist den Menschen die Tiefe der eigenen Seele so nahe wie im Traum. Und nirgends liegen die Kräfte so bereit, die die Welt verändern, wie im Traum. Im Traum derer, die Bilder zu schauen vermögen, verwandeln sich die Dinge. Wer die Bilder schaut, die ihm vom Ziel der Welt erzählen, dem verwandelt sich, was er anfasst, unter den Händen in ein Zeichen der Erlösung. Die Erde ist nicht mehr nur die Erde, sondern Garten. Ort des aufkeimenden Gottesreiches, und der Kosmos ist nicht mehr nur die ungeheure Leere, in der das Raumschiff Erde seine endlichen Runden beschreibt. Er ist ihm das Haus des Vaters.

Er fasst den Mut, nicht mehr nur das alte Lied von der Sorge zu singen, die ihn in dieser Welt ergreift, sondern ein neues. Er fasst den Mut, ein Wort zu sagen, das er nicht vorher schon auswendig weiß. Einen Weg zu gehen, auf dem der Traum wahr und nicht die alte, vergangene Wirklichkeit nachgetreten wird. Er lässt sich von den Bildern, die ihm Gott zeigt, über die Schwelle des Todes hinausführen, bis sie sich erfüllen und sich am Ende zeigt, was wirklich ist. Und er wird versuchen, irgendeinen Verzagten neben sich in seine Hoffnung mitzunehmen, irgendeinem Verängstigten Mut zum nächsten Schritt zu machen oder irgendeinen Verlassenen zu begleiten.

Das Leben ist keine graue Sackgasse mit nachtschwarzem Ende. Im Gegenteil. Dort, wo wir die dunkelste Stelle passieren, bricht das Licht auf. Das Leben ist ein Gehen aus dem Dunkel ins Licht, aus dem Licht ins Dunkel und wieder und wieder von einem ins andere. Ganz am Ende aber, wo sich der Sinn des Ganzen offenbart, malt die Bibel Bilder aus Licht. Aus Feuer. Aus Kristall, aus durchscheinendem Edelstein. Es wird alles zu einer Vision aus Licht.

❀

Ich möchte das nach einer Reihe von Jahrzehnten, in denen man in unserer Kirche mit diesen Bildern so schrecklich verängstigt umgegangen ist, einmal wieder in aller Einfachheit so stehen lassen. Denn das bedeutet doch alles: Keine Dunkelheit ist endgültig. In der Stadt Gottes ist das Licht. Kein Versagen, keine Schuld, keine Bruchstückhaftigkeit ist endgültig. Am Ende ist der Mensch Braut. Geliebter Mensch. Es gibt keinen endgültigen Abschied.

Woher ich das weiß? Daher, dass ich Jesus Christus kenne und weil mich noch keiner, den ich sonst gehört habe, mit solchem Vertrauen zu seinem Wort erfüllen konnte wie er. Und weil es mit meinen Erfahrungen zwischen Tod und Leben der Menschen übereinstimmt. An Christus lese ich ab, wie weit der Pfeil des Menschseins äußerstenfalls trägt. Wozu der Mensch äußerstenfalls bestimmt, befähigt und begnadet ist. Und von ihm höre ich: »Dieses Äußerste ist dir angeboten. Dir sage ich es zu.«

❀

Dann messe ich den Menschen an seinem Bild: Wer die Braut hat, sagt Jesus, ist der Bräutigam. Ich sehe in den Menschen das Bild dessen, der sie erwählt und berufen hat. Und ich messe das gemeinsame Leben der Menschen und der Völker an den Bildern von der Stadt, die sich in unsere Welt hereinsenkt.

Ich messe unseren Umgang mit der Welt an jenem Bild von der Braut, die ihrem Schöpfer entgegengeht. Und niemand sage, diese goldenen, transparenten, jenseitigen Bilder führten uns nicht unmittelbar in die Welt, von der die Tagesschau allabendlich berichtet.

Das letzte, äußerste Bild aber, das uns Menschen gezeigt ist, beschreibt die Offenbarung des Johannes. Da sagt Jesus: »Wer überwindet«, wer also sich von der Wirklichkeit, von der die Bilder reden, überwinden lässt, sich ihnen anvertraut und ihnen nachgeht, »dem will ich einen weißen Stein geben, und auf dem Stein wird ein neuer Name stehen, den niemand kennt, als der, der ihn empfängt« (Offenbarung 2,17).

Der Mensch mit seinem eigenen, nur ihm selbst gedeuteten Namen, der geliebte Mensch, dem Christus den Namen gibt und den er liebt, der Mensch in der Gestalt der Braut, das ist es, was wir einander vor Augen stellen sollen. Für heute und für unser Leben bis ans Ende.

9
Gottes Wort ist nahe deinem Mund und deinem Herzen
Dresden 2011

Guten Morgen, meine lieben Schwestern und Brüder. Ich wünsche Ihnen einen hellen, schönen, gesegneten guten Morgen. Ich wünsche Ihnen, dass Sie einen guten Schlaf hatten in einem freundlichen Quartier. Ich wünsche Ihnen, dass dieser Kirchentag für Sie zu einem Fest geworden ist und zu einem geistlichen Zuhause.

Ich kann mir denken, dass Sie sich über den Aufwand wundern, den wir heute Morgen treiben. Dass ich hier in Stuttgart sitze und über den Bildschirm mit Ihnen in Dresden verbunden bin. Die Sache lief nämlich so: Ich bin nun dem Kirchentag seit 60 Jahren verbunden, seit 1952, als er in meiner Heimat, Stuttgart, stattfand. Und seit 1970 mache ich regelmäßig bei den Bibelarbeiten mit, die diese Tage am Morgen eröffneten. Die waren mir wichtig, weil ein Kirchentag ohne seine Orientierung an der Bibel nicht sein kann. Inzwischen bin ich 89 Jahre alt und wollte auch in Dresden meinen Teil beitragen und mich zugleich verabschieden. Aber ich hatte im vergangenen Jahr eine schwere Operation, eine solche, die den Gedanken nahelegt, nun sei man endgültig alt. Und so zeigte sich im Februar dieses Jahres, dass das Risiko einer Reise nach Dresden zu groß war. So musste ich am Ende absagen.

Aber da kam Frau Ueberschär auf die Glanzidee, diesen meinen letzten Beitrag, diesen Abschied von Ihnen könne man doch auch via Bildschirm lösen. Ich könne in Stuttgart in meinem Haus bleiben. Mein Freund Clemens Bittlinger könne für mich in Dresden auf der Bühne stehen und die ganze Sache moderieren. Ich gebe also auch ihm die Hand eines dankbaren Freundes.

Und so wünsche ich dem Kirchentag, dass er weiter so blühe und gedeihe wie bisher. Dass er seinen Weg finde zu einer Gemeinschaft auch mit den katholischen Christen unseres Landes, dass er das Gespräch finde mit den Menschen unserer Erde, die anderen Religionen angehören. Denn hier liegt die Aufgabe, die uns heute gestellt ist. Und zwar so, dass er, was schon immer seine Aufgabe war, einen mutigen Schritt über seine Gegenwart hinaus und in die Zukunft tut und die Evangelische Kirche in Deutschland dabei mitnimmt.

❀

Und nun stehen wir wieder in einem Morgen und wir wollen den Segen eines neuen Tages aufnehmen. Das können wir besser im Stehen als im Sitzen. Ich denke, wir erheben uns von unseren Papphockern und stellen uns aufrecht auf die Erde – nur mir mögen Sie aus technischen Gründen erlauben, sitzen zu bleiben – wir atmen tief durch. Wir erheben die Arme als Menschen, die etwas aufnehmen, das von oben zu uns kommen will. Und während wir so stehen, sage ich Ihnen das schöne Gebet von Gerhard Tersteegen:

> Herr, lass schweigen, was du nicht selbst zu uns redest.
> Lass stillstehen, was du nicht selbst bewegst.
> Nimm die Stelle ganz ein, die jetzt wir sind,
> und tue an uns und durch uns, was dir gefällt.
>
> Führe uns ganz in uns selbst
> und aus dem Unseren heraus in dich,
> o unser Herr, unser Ursprung und unser Ende.
> So sind wir nicht mehr im Schein, sondern im Leben,
> von allem Übel erlöst und frei
> und ehren und verherrlichen dich allein.
> Amen.

Und jetzt setzen wir uns wieder.

Liebe Freunde, das biblische Wort, um das es heute gehen soll, führt uns in die schwere Zeit einer politischen Katastrophe. Es ist ausgerufen worden im 6. Jahrhundert vor Christus. Da waren die Babylonier mit ihrer ganzen militärischen Macht über Jerusalem hergefallen. Nach einer Belagerung von eineinhalb Jahren hatten sie die Stadt erobert. Danach lag sie als Aschehaufen in der Landschaft, gefüllt mit Toten. Die Überlebenden standen draußen vor der Stadt zusammengetrieben und dazu verdammt, sich nach Babylon treiben zu lassen, Männer, Frauen und Kinder, tausend Kilometer weit durch die Wüste. Dort, am Euphrat, sollten sie sich in dem großen Völkerbrei verlieren. Im Unkenntlichen, im Fremden sollten sie ihre Identität aufgeben. Als sie dort ankamen, mussten sie sehen, wie sie überlebten, indem sie in den Ziegeleien der Babylonier ihre Hungerlöhne verdienten oder auf einem viel zu kleinen Stück Land ihr Brot aus der Erde holten.

In jener Gegend der Welt, wo sich das abgespielt hat, in der syrischen Wüste und in dem Land zwischen Euphrat und Tigris, bin ich oft über den harten Boden glühend heißer Landstriche oder über den grundlosen Lehm der Äcker gewandert und habe mir vorerzählt, was hier berichtet wird. Ich habe die lehmbraunen Gestalten der Bauern und die vorbeiziehenden Nomaden gesehen und habe versucht, in ihnen die wiederzuerkennen, von denen die Bibel erzählt. Wenn ich durch die Ziegeleien im Irak ging, wo die achtzigjährigen Männer noch die Loren über die Gleise schieben und die achtjährigen Kinder auf Eselskarren die Ziegel transportieren, stand mir immer auch das Bild der hierhergetriebenen Judäer vor Augen, die hier fünfzig Jahre zubrachten.

Als ich ungefähr alle Wege abgegangen war, die in der Bibel geschildert werden, hatte ich den Eindruck, die Menschen vor zwei- oder dreitausend Jahren hätten die gleichen Fragen gestellt, die wir heute stellen, und vor allem könnte das, was sie als ihre Antworten fanden, als eine starke Hilfe zur Orientierung auf unserem Weg zu unseren eigenen Entscheidungen dienlich sein.

Ich kenne das noch: Ich habe fünf Jahre lang als Soldat im Krieg Hitlers zugebracht und habe am Ende erlebt, wie es aussieht, wenn man einen Krieg verloren hat. Wenn die Judäer immer wieder an den Abenden in ihren kleinen Ansammlungen am Kanal Kebar saßen, waren alle die Gruppen und Parteien noch gegenwärtig, die vor der Katastrophe von Jerusalem dort das Sagen gehabt hatten. Da waren die Königstreuen, die ihren Traum weiterträumten. Die Nationalisten, die bis zuletzt an ihrem Glauben an den Endsieg festgehalten hatten. Die Priester, die unermüdlich die Menschen im Namen Gottes zum Kampf aufgerufen hatten. Die Großgrundbesitzer, die ihren Gütern nachtrauerten. Die Atheisten, die Gegner aller religiösen Ordnungen. Die Gleichgültigen, die mit ihrer kleinen Arbeit beschäftigt waren. Und da waren die Anhänger der Propheten, die gegen den Krieg geredet hatten. Wir dürfen annehmen, dass die Anklagen der einen gegen die anderen Tag für Tag ergingen: »Ihr seid schuld!« »Nein, ihr!«

Da waren die einen, die sagten: Das haben wir doch hinter uns, zu meinen, wir seien das auserwählte Volk, unser Gott sei der mächtigste Gott im Himmel und auf der Erde. Wir leben doch, zum Glück, nicht mehr in der Provinz. Babylon ist größer, ist reicher, es hat die Zukunft. Und da waren die anderen, die an der alten Tradition ihres Volks festhielten. Sie suchten die Ursachen ihres Leidens vor allem bei sich selbst. Sie hatten von Gottes Willen gewusst und hatten ihn missachtet. Sie hatten an ihn, den einen Gott, geglaubt, und doch jede beliebige Menge anderer Götter verehrt. Recht und Gerechtigkeit hatte Gott gefordert. Aber ihr Staatswesen war das übliche System von Unrecht und Korruption gewesen. Waisen, Witwen und Wehrlose sonst sollten sie schützen, aber die Reichen waren immer reicher und die Richter immer ohnmächtiger geworden. Die Propheten hatten unermüdlich wiederholt, das würde auf die Dauer nicht gut gehen. Nun hatten sie die Quittung. Nun konnten sie nur noch Ja sagen zu ihrem Schicksal. Sie waren ihre eigenen Richter und Kerkermeister und gaben im Grunde den Aufsehern recht, die sie schlugen. Wenn sie aber dem nicht zustimmen wollten, was blieb ihnen übrig? Dann konnten sie ihre Vergangenheit nur verdrängen, vergessen und sagen: Wir sind unschuldig. Und Gott stand gefährlich dunkel hinter ihrem Schicksal.

❀

Damals muss der eine oder andere Prophet aufgetreten sein. Die retteten nicht nur der Menschheit den geistigen Ertrag der religiösen Überlieferung des Judentums, sondern eröffneten dem Judentum auch eine Geschichte von weiteren 2500 Jahren und machten zugleich auf dem Weg über das entstehende Christentum die moderne Welt möglich, wie wir sie heute, im 21. Jahrhundert, kennen.

Diese Propheten redeten die verlassenen Menschen etwa so an: Ihr habt keinen Tempel mehr. Ihr habt keine Macht mehr. Keine Lehrhäuser. Ihr habt niemand, der für irgendetwas zuständig wäre. Aber Gott spricht in euch selbst. Ihr werdet es hören, wenn ihr nur achtsam genug in euch selbst hineinhorcht. Das Wort von Gott ist nicht irgendwo im Himmel, sodass ihr sagen müsstet: Wer will für uns in den Himmel auffahren und es holen, damit wir es hören und tun können? Es ist auch nicht jenseits des Meeres, sodass ihr fragen müsstet: Wer will für uns über das Meer fahren und es holen, damit wir es hören und tun können? Nein, es ist ganz nahe bei euch selbst. Es ist in eurem Mund und in eurem Herzen. Ihr müsst es nur tun.

Die Hörer wurden damals angeredet als die wehrlosen Menschen, die sie waren. Abseits aller religiösen Hierarchien. Abseits aller politischen Macher. Und ich kann mir denken, wie sie geantwortet haben: Da sagten die einen, vielleicht eine Minorität: Das ist wahr. Da sagten die zweiten: Wo ist denn dieses Wort? Wir sehen nichts von ihm. Und die dritten: Das hast du dir selbst ausgedacht! Das kommt nicht von Gott! Das kommt von diesem Schwätzer. Schlagt ihn tot! Und das wird tatsächlich erzählt. Man habe einen Propheten, der ähnlich redete, am Ende totgeschlagen.

Aber am Ende, nach fünfzig Jahren, sind sie doch aufgestanden aus ihrem Elend und sind voller Hoffnung zurückgewandert nach Jerusalem, haben ihren Staat wieder aufgebaut und den Tempel. Sie haben auf einem langen, mühseligen Weg ihre eigene Identität wiedergewonnen: jenes Judentum, aus dem nach weiteren fünfhundert Jahren das Christentum hervorging.

Was nahmen die Rückkehrer mit nach Hause? Ein Wort, das ihnen sagte: Wenn es euch gelungen ist, von Gott groß zu denken, dann denkt auch groß von euch selbst. Denn wenn Gott größer wird als eure sogenannte Wirklichkeit, wird er auch in euch selbst größer. Ihr werdet mit ihm zusammen mehr sein, als ihr gewesen seid. Ihr werdet von Gott angerufene, ihr werdet ganze, unverletzliche Menschen sein. Ihr braucht nur den Ruf zu hören, der euch trifft. Ihr braucht ihn nur als die Menschen aufzunehmen, die ihr seid, mit einem weiten Herzen. Als freie Menschen. Ihr könnt fragen, wer Gott sei. Und ihr könnt in aller Gelassenheit den Weg gehen, den Gott euch zugedacht hat.

Ich bin der Weg, sagt Jesus fünfhundert Jahre später. Ich habe einen Weg für euch. Lasst euch nicht festlegen – weder von Mächtigen noch von frommen Autoritäten. Es gibt eine Zukunft, die sich lohnt. Ihr seid behütet. Der Segen ist mit euch. Das Leben liegt vor euch. Nehmt es in die Hand und kommt!

❀

Wie kam ich denn auf die Idee, ich sei auf meinem Weg, wenn ich diesem Weg folge? Da muss ich eine kleine Weile erzählen. Von einer ähnlich extremen Situation wie der in Babylon. Es war im Krieg. Ich habe damals die Fliegerei geliebt. Den Krieg habe ich gehasst. Ich lebte damals an der Küste der Bretagne. Und mein Aufgabenfeld lag über dem Meer, dem Atlantik und dem Mittelmeer. Auf einer Dienstreise zwischen Ostpreußen und Frankreich machte ich, es war Weihnachten, einen Umweg über Ulm und war drei Tage zu Hause. Am Ende wurde ich von einer Streife der Militärpolizei aufgegriffen. Es gab eine Verhandlung vor einem Feldgericht, und das Problem dabei war, ob mein Umweg von drei Tagen als Fahnenflucht oder als unerlaubte Entfernung von der Truppe gelten sollte. Bei Fahnenflucht wäre ich erschossen worden. Aber man verurteilte mich nur zu ein paar Wochen Gefängnis. Ich saß also in dem Gefängnis, das in Vannes in der Bretagne stand.

Dort waren außer uns Deutschen, die zum Teil hingerichtet wurden, zum Teil nach einiger Zeit wieder entlassen werden sollten, auch Leute aus der französischen Widerstandsbewegung, dem »*Maquis*«, verwahrt. Von denen wusste man, dass sie auf schreckliche Weise gefoltert worden waren und dass man sie in Kürze erschießen würde. Um die Mittagszeit kamen sie aus ihren Zellen und stellten sich auf dem Flur auf, um ihre Suppe zu bekommen. Wir sahen sie, wenn wir durch die Gucklöcher unserer Zellen sahen. Und da fiel mir ein Mann auf. Etwa 40-jährig, schmal und zart. Er grüßte den bewaffneten Aufseher, der ihm seine Suppe in den Napf goss, mit einem freundlichen Kopfnicken. Danach bedankte er sich bei ihm wieder mit einem freundlichen Kopfnicken, ging ans Ende des Flurs, wandte sich seinen Leidensgenossen zu, schlug mit der Hand ein Kreuz, sprach einen Segen, den ich nicht verstand. Dann aß er, was in seinem Napf war, still für sich. Das traf mich wie ein Schlag. Was für ein Mensch! Helden hatte ich genug gesehen, aber nicht einen Menschen, der so seinem Todfeind gegenüberstand. So sicher, so freundlich, so klar. So ohne jeden Hass. Das gab es also. Zu werden wie er, das musste sich lohnen. Das steht mir vor Augen, wenn ich bis heute an ihn denke.

Ich stand damals in meiner Zelle und las zum ersten Mal in dem kleinen Neuen Testament, das ich mitgebracht hatte. Und nun hatte ich zum ersten Mal Jesus selbst gesehen in dem fremden Mann, der eigentlich mein Feind war. Der stand stellvertretend für Jesus Christus. Und Jesus Christus deutete mir den fremden Mann. Liebe deinen Feind, sagt er mir. Liebe jeden Menschen. Ich sah ihn damals nur wenige Tage, dann wurde er erschossen. Aber in mir ist er stehen geblieben bis zum heutigen Tag. Ich weiß weiter nichts über ihn. Aber ich danke ihm bis heute. Als ich nach dem Krieg nach Hause kam, ging ich nach Tübingen und studierte Theologie. Es war für mich die lebensentscheidende Erfahrung. Es war der Anruf, der mich traf. In meinem Herzen. Er gab mir den Mut, mit meinem Mund zu bekennen, was ich durch ihn gelernt habe. Seither, seit nun 67 Jahren, habe ich davon gelebt, dass dieser Anruf in meinem Mund und in meinem Herzen war.

❀

Ihnen, liebe Freunde, kommt das Reden Gottes nahe auf irgendeine andere Weise. Aber ich möchte Ihnen Mut machen, darauf zu vertrauen, dass es Ihnen nahe ist, Ihnen selbst, wenn Sie nur mit offenen Augen in die Welt schauen. Wenn Sie nur hören, was Gott gesagt hat. Wenn Sie nur mit allen Sinnen durch Ihr Leben gehen. Und wenn Sie danach Ihren Mund auftun und den Menschen um Sie her sagen, was Gott in Ihrem Leben sein oder werden will, nämlich Ihr Vater im Himmel.

Wie kann es denn aussehen, wenn das Wort von Gott nahe bei Ihnen ist? Dann stehen Sie morgens auf und freuen sich auf Ihren Tag. Dann gehen Sie eins ums andere an in der Gewissheit, dass Gott Ihnen Gelingen schenkt. Dann wissen Sie: Ich werde heute wieder an vielen Stellen versagen. Aber es bringt mich nicht um die Liebe Gottes. Oder Sie wissen: Gestern hatte ich einen mühsamen Tag, an dem nichts gelang, aber Gott kann mir den heutigen gelingen lassen. Oder Sie sagen: Ich hatte gestern den ganzen Tag meine Schmerzen. Ich werde sie auch heute haben. Aber Gott ist bei mir, mein Vater, der sie mir zumutet. Oder Sie sagen: Meine Sorgen sind erdrückend. Aber ich werde mit ihnen leben können, weil Gott mit mir ist. Und vielleicht gibt Gott mir eines Tages wieder einen Tag, an dem ich sie weglegen darf. Und ich werde heute versuchen, sie ihm zu überlassen. Oder Sie werden sagen: Liebe Kirche, du hast tausend Sorgen! Wirf sie, den ganzen Packen, auf Gott hin, so wirst du fröhlicher arbeiten können. Oder: Liebe Kirche, das Evangelium ist eine klare Sache, halte es fest. So wird dir dein Weg gelingen.

Das wird übrigens immer wichtiger, dass Sie so sprechen. Wir leben in einer Zeit, in der der Glanz und der Einfluss der Kirche verblassen. Wir leben in einer Zeit, in der die Pfarrer immer weniger allein zuständig sein können für das, was die Kirche ist. Sie sind für immer mehr Menschen zuständig. In einer Zeit, in der die Staaten bei den Bürgern immer mehr Misstrauen begegnen. In der die Parteien kleiner werden. In einer Zeit, in der die Stimme des einfachen Menschen wichtiger wird. In der die Verantwortung des einfachen Menschen gefragt sein wird.

❀

Und das möchte ich Ihnen sagen: Sie sind reicher, als Sie meinen. Sie sind näher am schöpferischen Wort Gottes, der Sie erschaffen und auf Ihren Weg gestellt hat. Nehmen Sie einmal ganz ernst, was Sie hören: Ich bin Gott recht. Ich bin der Ort, an dem er wirken will. Treten Sie sich selbst gegenüber und sagen Sie: Ja, das ist wahr. Ich bin Gottes Werkzeug. Ich kann mit freiem Herzen tun, was mir dieses Wort von Gott zuspricht.

Sagen Sie nicht: Ich bin dafür zu dumm. Was ich denke, ist sowieso Schrott. Vertrauen Sie stattdessen auf die Lebendigkeit, welche die Anrede Jesu in Ihnen weckt. Sie hören ihn reden und sagen Ja. Sie nehmen damit Gedanken Gottes in sich auf. Und in Ihren Gedanken wächst eine Hoffnung, wächst ein Hören und Schauen, und Sie werden glücklicher mit dem, was da auf Sie zukommt.

Aber es gibt noch einen stärkeren Einwand gegen das Wort, das Ihnen nahe kommt. Vielleicht sagen andere unter Ihnen: Ja, das kenne ich. Der Gott, von dem dieses Wort sagt, er sei nahe bei uns, nimmt mir gleich allen Mut, über ihn nachzudenken. Er ist ja nicht nur die stille Kraft, die mir zum Leben hilft. Er ist ja auch ein fremder Wille, der mich beansprucht. Auch, was ich tue. Jesus sagt mir ja nicht nur, wer Gott sei, mein Vater im Himmel. Er sagt auch, was Gott von mir will. Und ich sehe, dass ich diesem Willen, trotz all meinem Ja-Sagen, nicht nachkomme. Auf und ab durch alle Gebiete. Sie sagen: Was will denn dieses Wort von mir? Ich kann 20 Gebote nennen, die ich nicht schaffe. Wäre das Wort, das ich höre, von Gott, wäre er mir so nahe, wie du sagst, dann müsste es gelingen. Aber ich schaffe es nicht. Es ist mir fremd.

Vielleicht sagen Sie: »Lieber Bruder Jesus, an dir lese ich meinen Weg ab. Ich sehe, wohin du gegangen bist. Du bist zu denen gegangen, die unten waren, zu den Armen, den Leidenden, den Einsamen, den Unwissenden, den Ausgegrenzten, zu denen, die man gerne außen vor lässt. Ich lese an dir ab, dass mein Weg ähnlich sein soll dem deinen. Und wenn ich bei ihnen bin, bei dir und bei ihnen, dann sehe ich, was ich tun muss: lieben. Nichts weiter als lieben. Meine Fantasie wird mir zeigen können, worin mein Lieben bestehen soll. Aber es ist mir zu schwer.«

Dann antwortet Jesus Ihnen: »Die vergebende und begleitende Liebe Gottes wird bei dir sein. Nah deinem Mund und nahe deinem Herzen. Er sieht deine Versuche. Du bist auf meinem Weg. Ich will dir nahe bleiben. Und du wirst, von einem Versagen zum nächsten, immer deutlicher sehen, was deine Aufgabe ist. Du wirst am Ende den Frieden finden, den du suchst. Und wirst von Anfang an hören, wie mein Wort dich anruft: Komm! Sei bei mir!«

Das ist der Kern dessen, was von uns verlangt wird: dass wir absteigen von unseren hohen Rössern. Wir sollen unten leben, auf dem letzten Platz. Und unten lieben. Du bist unten, auf der Sohle deiner Bescheidenheit und deiner Hingabe, ein freier Mensch. Dort unten kannst du tun, was du willst. Dort unten wird es alles gut sein. Trage das Elend dieser Erde mit in deiner Liebe. Nimm den Hunger wahr, der dort unten herrscht, den Hunger nach Gerechtigkeit und den Hunger nach Frieden.

Augustin hat gesagt: »Liebe und tu, was du willst.« Es wird gut sein. Dort ist die Freiheit eines Christen. Aber ich möchte dazusagen: Sei bei denen, die unten sind. Dann liebe und tu, was du willst. Es wird gut sein. Dort wirst du die Freiheit entdecken, die Gott dir zugedacht hat. Hier findet Ihr Leben, liebe Freunde, seinen Sinn. Es findet seinen Sinn, weit hinaus über die Grenzen Ihres Lebens und dieser Welt.

Dazu möchte ich Ihnen Mut machen, weil ich weiß, wie viel lebendiger Ihr Leben sein kann, wie viel Schönheit es gewinnt. Wie dabei das Evangelium sich heller an Ihren schmalen Tagen abzeichnet. Sagen Sie: »Ja, dieses Wort von Gott ist nahe bei mir. Ich kann es mit meinem Herzen aufnehmen. Ich kann es nachsprechen. Ich kann davon erzählen.«

❀

Ich will von mir selbst reden: Bin ich eigentlich ein Christ? Sind meine Bemühungen, diesen Anruf Gottes zu hören und anzunehmen, eigentlich stärker als die Widerstände, die in mir immer wieder dagegenstehen? Was haben sie inzwischen an mir verändert? Ich komme immer wieder an den Punkt, an dem etwas wie der Mut in mir erwacht, es zu tun. Ich kann immer wieder neu anfangen, mein praktisches Tun dem anzuvertrauen, der es mir zeigt. »Du musst es nur tun«, sagt er. Als wer werde ich in Kürze hinübergehen in die andere Welt? Als einer, der sich diesem Willen gefügt hat? Als einer, der versagt hat? Oder als der, der sich gegen alle inneren Widerstände doch immer wieder dem anvertraut hat, der ihm mit seinem Anruf so nahe kam?

Am Ende bleibt beides ein Wunder: Dass ich geliebt bin. Und dass ich lieben kann. Dies beides. Und dass wir als Gemeinschaft so miteinander leben, dass die Liebe Gottes darin sichtbar wird. Was hat uns denn dieser Anruf in der langen Zeit gesagt? Er sagt uns: Du brauchst keinen genialen Kopf. Du musst nur wach sein und hörsam auf das, was das Wort von Gott dir aus der großen Nähe sagt. Du kannst dich abmühen mit dem Vertrauen und Versagen. Verlass dich darauf, dass Gott nahe bei dir ist und bei dir bleibt und dass sein Anruf weiter ergeht. Dabei wird dir manches gesagt, was eigentlich dein Maß überschreitet. So, dass dich sein Maß, das Bild des Jesus Christus, in dem Augenblick prägt, in dem du den Mund auftust, um zu sagen, was dein Herz erfüllt.

Getraue dich immer wieder, dich dorthin zu retten, wo dein Geist den Geist Gottes aufnimmt. Geh abwärts. Solange du abwärts gehst, geführt von seinem Anruf, verlass dich auf deine Kraft zu lieben und verlass dich darauf, dass du im Dienst deines Herrn stehst. Wir werden dann etwa so sprechen:

»In dir sein, Gott, das ist alles.
Das ist das Vollkommene. Das ist das Heilende.
Die leiblichen Augen schließen,
die Augen des Herzens öffnen
und eingehen in deine Gegenwart.
In dir sein, das ist alles, was ich mir erbitte.
Damit habe ich alles erbeten,
was ich brauche in Zeit und Ewigkeit.«

Damit sind wir an dem Punkt, an dem für uns die Ewigkeit einsetzt. Wir sagen: »Das Leben fließt in den Tod. Der Tod fließt ins Leben. Leben und Tod. Tod und Leben. Beides bist du, Gott. Wir gehen von dir zu dir. Das ist Ewigkeit. Das ist die Zeitstille, in der unser kleines Leben gelingt. Das ist die Zeitstille, in der wir uns selbst einsammeln und uns Gott anvertrauen mit allem, was wir sind.«

Gott also höre ich. Die Erde fasst ihn nicht und nicht der Weltraum. Wenn aber mein Herz ihn empfängt, so verbinden sich dort, wo ich bin, Himmel und Erde. Ich schaue hinüber in die andere Welt, hoffend, träumend. Ich weiß, sie wird mein Ort sein. Ich weiß, alles ist vergänglich. Gott bleibt. Alles Vergängliche wird vergehen vor ihm. Am Ende auch die Vergänglichkeit selbst. Wir aber werden leben in ihm. Wenn das für Sie alle gilt, so können Sie vielleicht ein paar Sätze mit mir zusammen sprechen, denn das hören wir, nahe unserem Herzen und unserem Mund.

Ich sage also: Es steht einer zu mir, der bejaht mich. Ich kann also zu mir selbst stehen. Ich kann mich annehmen. Ich lege meine Unsicherheit ab. Ich atme auf und lebe.

Ich bin gehalten. Mir geschieht nur, was Gott will. Ich kann also Mut fassen. Ich brauche mich nicht zu fürchten, und ich kann auch anderen Mut machen zu ihrem Leben.

Ich werde heil und ganz sein. Was ich in mir an Rissen und Brüchen kenne, soll geheilt werden. »Steh auf!«, sagt mir Jesus. Ich lasse mir also meine Last abnehmen und richte mich auf.

Ich weiß dann: Ich kann vertrauen und meinen Weg sorglos und gelassen gehen. Ich lasse los, was mich bindet und zu Boden drücken will. Gott will mich leicht und fröhlich.

Ich bin ein freier Mensch. Niemand steht über mir außer Gott. Ich kann für meine Überzeugung gegen jeden Trend und gegen jede Macht stehen. Wenn es meine Situation erfordert, bin ich bereit, meine Freiheit abzugeben, ohne mich zu wehren.

Ich bin nicht allein. Ich bin zu Hause bei Gott und bei den Menschen. Am Tisch ist ein Platz frei. Das Haus ist offen. Ich stelle mich zu denen, die mit mir zusammen das Haus dieser Erde bewohnen, zu ihrem Leid und ihrer Einsamkeit.

Dazu sind mir Kräfte zugedacht. Ich nehme sie also in Anspruch. Geist von Gott ist uns zugedacht. Also ist es nicht unbescheiden, darauf zu vertrauen, dass er uns gegeben ist. Gottes Gedanken nachzudenken, ist uns erlaubt. Also denken wir seine Gedanken nach.

Mir ist ein Auftrag gegeben: Ich soll in der Liebe Gottes leben und sie für andere spürbar machen. Ich bin ein Saatkorn für das Reich Gottes und für seine Gerechtigkeit. Das ist der Sinn meines Lebens.

Ich kann nur sagen: Ich muss mich nicht mit Mühe und Anstrengung selbst herstellen. Wer ich bin und was ich werden kann, das gibt mir die Liebe Gottes. Ich brauche nicht auf meine Leistung zu bauen. Ich scheitere nicht an meinem Versagen. Mich hält eine gütige Hand fest, unabhängig von dem, was ich zustande bringe.

Ich sehe ein Ziel vor mir. Ich bin gerufen, und ich werde meinen Weg gehen in die größere Welt. Der Tod kann mir nichts anhaben. Christus lebt, und ich werde leben und glücklich sein.

❀

Und nun verabschiede ich mich von Ihnen. Ich weiß nicht, ob wir uns noch einmal wiedersehen. Aber eins will ich noch erzählen:

Ich habe im vorigen Jahr eine wunderbare Reise gemacht. Mit meiner Frau zusammen, die nun 61 Jahre mit mir verheiratet ist, bin ich auf einem Ferienschiff die Donau hinuntergefahren, von Passau nach Budapest, und zurück. Was uns dabei neben viel Schönem, neben Städten, Dörfern, Ufern, Burgen und Bergwäldern berührt und bewegt hat, war das sanfte, fast lautlose und gleichmäßig ruhige

Gleiten zwischen den Ufern. Wir saßen oder standen stundenlang mit dem Blick auf das Wasser oder die Uferauen, die sich vor unseren Augen vorbeibewegten. Und manchmal war es, als stünden wir still und die Ufer zögen an uns vorbei. Was bewegt sich hier eigentlich, fragten wir uns, was bewegt sich überhaupt in unserem Leben und was steht fest? Das Land, das Wasser oder wir selbst?

Es war eine Art von Urerfahrung dessen, was wir die »Zeit« nennen. So gleitet sie, so gleichmäßig, so ohne Pause, so unveränderlich. Und manchmal kommt ein besonderes Bild, eine besondere Kirche, ein Schloss auf einem Berg oder ein weiter Ausblick, so, wie alle Jahre ein Geburtstag kommt oder ein Weihnachtsfest oder ein Neujahr. Und mit alldem wurde immer deutlicher das Wissen in uns, dass es nicht immer so weitergehen wird. Irgendwo und irgendwann wird das Schiff anlegen, das große Fließen wird zur Ruhe kommen. Wir werden aussteigen und auf einen festen, unbekannten Grund treten. Andere Schiffe werden dann an uns vorbeigleiten, und wir werden alles von einer anderen Seite aus ansehen, vom festen Ufer auf den bewegten Strom hin. Und es wird alles auch wieder gut sein. Die Zeit wird sich wandeln in jene tiefe Zeitstille, die wir die Ewigkeit nennen.

Wenn man, wie meine Frau und ich, 86 und 89 Jahre hat, kann der Zeitpunkt nicht fern sein, zu dem es gilt, an Land zu treten, oder besser: an Land geleitet zu werden von einer Hand, die unser Vertrauen hat. Wir werden wieder die Augen auftun und aus einer ganz anderen Perspektive heraus sehen, wie groß und weit Gottes Welt ist.

Inzwischen wünschen wir uns und euch allen, dass es von unserem oder eurem Schiff aus noch viel Schönes in dieser Welt zu sehen gibt. Wir wünschen uns und euch, dass wir alle im Frieden eines Tages an Land treten können und uns dabei von der Hand behütet wissen, die uns nach Hause bringt.

Gott segne Sie, liebe Schwestern und Brüder!